星新一を追いつづけて

村上十七
MURAKAMI Jushichi

文芸社

はじめに　星新一さんが遺した一〇〇一編の極意とは？

ぼくがテレビ朝日に入社した一九五八年の末には、空想科学小説専門誌『宇宙塵』（柴野拓美編集長）は発行されていたし、『宝石』誌に転載された星新一さんの処女作『セキストラ』が巷で話題になったころでもあった。

そのショート・ショートにヒントを得て、日本教育テレビ（現・テレ朝）の北代博課長が作成した企画書ＳＳ（＝短い短い物語）にシェル石油が、スポンサーになってくれたおかげで、二年もの長い間、放送をつづけられたのだとおもう。

『ＳＳ』は十五分の番組枠だが、ＣＭやタイトルの時間を差し引くと、ドラマの内容そのものは正味十三分弱しかない。それも木曜日の二十二時四十五分から二十三時までの生放送として開始されたのだった。

ぼくの最初の一作は、『開業』（原作・星新一、Ｄ・若井田久（久は演出のみに使用）、桑山正一、玉川良一、瀬良明、七瀬真紀、語り・橘屋園太郎だった。そして、前述したように、『短い短い物語』の番組は演出一部、二部、三部のディレクターたちがつぎつぎと参加し、Ｄの総数は十四名にもなり、しかも二年もの間、放送されるという長寿番組にもなったのである。

加えて、番組の百回記念の回は、『涙の三話』というコンセプトで、オムニバス形式を採り、一話四分間で、三人のＤ（北代博、若井田久、須田雄二）が交代して、生放送の演出を担当したのだから、オドロキである。

この『ＳＳ』の番組の他にぼくは、開局後二年の間、随時、六十分のドラマ番組の演出もこなしていたから、寸暇を惜しむほど多忙なため、通勤することもままならず、二日つづけて局の宿泊室に泊まったことが、いくどもあった。……それが懐かしく想いだされてくる。

そうそう、こんなことがあった。

東大卒の星製薬の御曹司の星さんが、『ＳＳ』番組の放送が開始されてすぐに、このぼくに食ってかかってきた。

「私は、長い話を短くする才能を売りにしているのです。しかし、原作料金は三十分が基本料金になっていて、一時間ドラマだと基本料金の一・七倍に減額されると聞いています。それは、それで理解できますが、十五分ドラマだと、いきなり三十分ドラマの基本料金の二分の一に減額されるのは、どうにも納得できません！」

そう理詰めに抗議を受けて、ぼくは返答に窮した。

「星さん、この件は多分ダメでしょうが、ぼくが一度、著作権課と掛け合ってみますよ」

「お願いします……ところで、若さんも、宇宙塵の同人になってよ」

「星さん、それは、このぼくに『SS』を書けという意味ですね？」

「その通りです。それが入会の条件ですから」

「解りました」

星さんと別れたぼくは、すぐに構想を練り、『応募ハガキ』という題名の『SS』を書きあげた。その内容は、応募マニアが指数関数的に返信ハガキを受けとる羽目に陥り、ハガキの束に、マニア本人がアパートの自宅から追い出されるハメになるという内容である。

一九六一年一月十日、ぼくは挙式と披露宴を地元の大分の臼杵市で済ませていたが、日本教育テレビ（＝テレビ朝日）の第三部演出部長の大垣三郎さんが、わざわざ東京での仲人役を買ってくれて、北代博課長ほか、幹事役の中山君などの有志で、ぼくと妻・康子の結婚披露パーティーを麻布会館で開催していただけるというので、ぼくの両親も大分県・臼杵市から出席することとなった。東京の仲人は大垣部長夫妻、保証人・内村直也（劇作家）、的場徹（大映特撮監督）、江上輝彦（放送・脚本家兼女子大教授）、星新一（ＳＳ作家）、野末陳平（放送脚本家）、末広亭席主・遠藤義臣、北代博課長、林田照慶（ぼくの青山小学校同級生・写真家）、女優の寺島清江（尾上梅幸さんの長女）、中山雅美（幹事役）の面々だったと、いまでも鮮明に記憶している。

それから、どれほどか月日が流れ、星新一さんが文壇で評判になりだしたころ、ぼくはテレビ・ドラマの脚本（＝ＳＳ）をもらいに、一ノ橋近くの高層マンションの星さん宅へよく訪れたものだ。あるとき玄関先の立ち話だったが、ぼくは、「ＳＳを創作する秘訣は何ですか」と単刀直入に訊いてみた。

「そんなものありませんよ」

「いや、絶対にあるはずです。秘伝とかをちょっぴり、教えてくれませんか」

「秘伝?……秘密にしているから秘伝なのです……強いていうなら、閃きですかね」

ぼくは、なおも食いさがった。

「星さん、星さんはいま、どんな勉強をしていますか?」

「落語のオチです。だから、私は古典落語を研究中です」

そう重い口調で答えてくれたのを、ぼくは今でも忘れないでいる。

☆

一九九〇年の七月十八日（ぼくの誕生日）に、講談社刊『愛の栞』（妻の康子とぼくとが結婚に至るまでの書簡集）を贈呈したところ、星新一さんから同年九月十八日付の礼状が、ぼくの手許に届いた。

本当に久しくお会いしませんが、お元気のようで、なによりです。
立派な本をいただき、ありがとう存じます。
普通の作家には書けない内容で、心に沁みました。
本にまとめたい気分、よくわかります。
本年の夏は仕事になりませんでした。
私は五年前より、旧作の手直しをしています。
SF的なものは年月がたつと古びる部分があり、なじんでくれません。
予期しなかったことです。

新作をかくよりも楽です。

若井田久様へ

星新一より

星新一さんは苦しみ抜いて、しかも晩年は書痙に苦しみながらも、一九八三年に一〇〇一篇の『ＳＳ』の作品を遺している。数といい、内容といい、ぼくは驚嘆せずにはいられない。

ぼくが自分自身の経歴を振り返ると、テレビ映像制作の仕事とともに、執筆活動をはじめたのは、星さんからの強い刺激があったからだ、とおもっている。ぼくよりも四つ年上の星さん（一九二六年生誕）は、口調は重いほうだったが、話す内容はいつも正鵠を射ていて、婉曲な話し方を嫌う人だった。それが星さんの持ち味でもあったとぼくは、かねがねおもっていた。

ぼく自身の略歴にふれると、日大芸術学部を卒業し、大映多摩川撮影所の特殊撮影課へ入所後、日本教育テレビ（＝ＮＥＴ・現テレビ朝日）の開局前に入社し、開局後すぐに星新一さんと遭遇して、『ショート・ショート（テレビ番組名）＝ＳＳ』他に、数多くの一時間ドラマの演出を手がけたのちに、東京12チャンネルへ移籍した。

だが、五十歳のときに退社を決意し、ワカイダ・プロダクションを設立した。それは、サラリーマンの映像創りを諦めて、無給の映像制作者になったということである。

ぼくはそのとき、二つの民放局での映像制作が、如何に狭い井の中の蛙だったか、ということを知った。退社後はＮＨＫをはじめ、在京民放五社という広いテレビ界の世界へ飛び出してみて、テレビ番組の制作依頼を受けたり、自社制作の映像企画書を売り込んだりができるテレビ界という大海を実感した。ぼくは自分が努力しさえすれば、明るい未来があることを信じて、とことん頑張りつづけた。ところが、ＮＨＫをはじめ、在京民放五社との番組制作の経験を一巡するころには、加齢とともに自分の体力に限界を感じるようになり、たしか、六十五歳のころだったか、映像の企画制作の縮小を真剣に考えはじめ、テレビマン時代に遭遇した著名人たちとの記録作成をしたり、そう、テレビ東京退職後からは、源氏物語の研究にも真剣に取り組むようになっていた。

星新一略歴：東大農学部卒。24 歳で星製薬を引き継ぐが、1 年半で社長の座を譲る。6 年の空白ののち、世に出る。

著者の結婚披露パーティの寄せ書きより

目　次

☆『世界の主役』放送（一九七三年一月〜一九七四年三月）に出演した六十六人の一覧表（作成責任者CP・若井田久・P福良好申）を左記に掲げます。

1月7日／大統領の道／エドワード・ケネディ上院議員
14日／映画と唄に賭ける永遠の二枚目／イブ・モンタン
21日／明日をデザインする元演劇青年／ピエール・カルダン
28日／初恋を革命に捧げたインディラ・ガンジー
2月4日／37歳の自画像・冬のパリからの報告／アラン・ドロン
11日／未婚の母・ある愛のバラード／カトリーヌ・ドヌーブ
18日／アメリカ財界をリードする男／ドナルド・ケンドール
25日／サガンがおくるラブストーリー／フランソワーズ・サガン
3月4日／ヒマラヤこそわが命／エドモンド・ヒラリー卿
11日／人類史をみつめて八十余年／アーノルド・ジョセフ・トインビー博士
18日／貴族と野生の動物達とダイヤモンド／ベッドフォード公爵

25日／不死身の西部劇ヒーロー／ジョン・ウェイン
4月1日／天才指揮者カラヤンの素顔／ハルベルト・フォン・カラヤン
8日／世界史に君臨する謎の大財閥／N・M・ロスチャイルド卿
15日／パキスタン救国の若きエース／Z・A・ブット
22日／永遠の恋人たち／ジャンヌ・モロー
29日／世界最大の流通王国の担い手／アーサー・ウッド
5月6日／女王陛下は私の妻／プリンス・ベルンハルト
13日／開放的な北欧の顔／オロフ・パルメ
20日／真実を追求する国際記者／ハリリン・E・ソールズベリー
27日／充たされたローマの休日／ジーナ・ロロブリジーダ
6月3日／同棲時代のナウな女優／キャンディス・バーゲン
10日／ゴルフ今様出世太閤記／リー・トレビノ
17日／樺太生まれの異色国際スター／ユル・ブリンナー
24日／白夜の国のプリンセス／クリスチナ王女
7月1日／女の魅力を創るイタリア貴族／エミリオ・プッチ

8日／大いなる愛・パントマイム／マルセル・マルソー
15日／英国財界に君臨する巨人／キャンベル・アダムソン
22日／二人の夫に燃えた炎の恋／イングリッド・バーグマン
29日／コンコルドに賭ける飛行機野郎／ジョージ・エドワード
8月5日／わたしのすべてアラン・ドロン／ナタリー・ドロン
12日／大統領府に挑む美貌の新聞人／キャサリン・グラハム
19日／英国ギャンブル界の大立者／スタンリー・レイモンド
26日／夢の王国わがディズニーの世界／カードン・ウォーカー
9月2日／地上最大の企業を支配する男／トーマス・マーフィー
9日／国際金融界をリードする財閥御曹司／D・ロックフェラー
16日／アメリカ映画を支える大型スター／チャールトン・ヘストン
23日／歴史を動かす株式市場の立役者／ジェイムス・ニーダム
30日／広告界に嵐を呼ぶ女王／ジュディ・ウオルド
10月7日／白色革命に賭ける王の中の王／モハメッド・パーレビ
14日／海外貿易を支配する英国貴族／シリル・クレンオート卿

21日／北海開発に賭ける英国石油王／エリック・ドレイク卿
28日／二枚目スター57歳の転身／グレゴリー・ペック
11月4日／赤道に輝く黒い星／I・K・アチャンポン
11日／われら人類生き残る為に／アウレリオ・ペッチェイ博士
18日／世界の食卓をわが手に／C・W・クック
25日／世界を征服する魅惑の妖精／ライザ・ミネリ
12月2日／美への願望をかなえる大富豪／チャールズ・レブソン
9日／限りなき愛に生きる異色の女優／シャーリー・マクレーン
16日／赤ん坊の泣き声が生んだ大企業／オーガスティン・マルシ
23日／遅れてやってきた大型スター／クリント・イーストウッド
30日／赤と黒のラベルで世界制覇／デビッド・ウォーカー
1月6日／現代英国のヤング・アイドル／P・リッチフィールド
13日／チリ軍事クーデターの議長／A・ピノチェト将軍
20日／ビートルズからカラヤンまで手に握る／ジョン・リード
27日／奇跡の西独経営を演出する／O・V・H・アメローゲン

2月3日／ポップ・シンガー一筋に16年／クリフ・リチャード
10日／逞しく前進する中央アフリカの父／J・P・ボカサ大統領
17日／アン王女結婚衣装の新進デザイナー／ザンドラ・ローズ
24日／物価高・石油危機の難問に挑む／田中角栄内閣総理大臣
3月3日／第三世界・アフリカの風雲児／イディ・アミン大統領
10日／ロールスロイスの栄光を守る男／ケネス・キース卿
17日／英国保守党の明日を担う／クリストファー・チャタウェイ
24日／人生を映画に賭ける男／ロイ・ボールティング英国監督
31日／ロンドンに燃える国際スター／三船敏郎

ぼくは百人の『世界の主役』の放送を目指していましたが、突如、中止を余儀なくされました。痛恨の極みです。その理由は、後ほど触れますから、ご一読くだされば幸甚です。

星新一を追いつづけて

ヒューマンドキュメント・日本編

（ＮＨＫ・テレ朝・テレ東の番組より）

No.1　ゴーギャン展

ゴーギャン展が催されていると知り、ぼくは東京国立近代美術館に行き、会場内に入ったとき、すぐに「来て、よかった」とおもった。画集だけでは味わえない、野性味のある丸太に金色をあしらった額縁に、五十余りの作品が納まっていたからだ。

ぼくは出品目録通りに、第一章野生の解放、第二章タヒチへ、と油彩画の鑑賞をすませた。それぞれの作品から発する素朴、自由、解放などの野生の息吹に触れたような感じを覚えた。

「ああ、やっとたどり着いたぞ！」とぼくは胸の中でいった。

大きな壁画みたいな油彩・キャンバスの作品は、縦が139・1センチ。横が374・6センチもある。一瞬、ぼくは、心と体が呑み込まれそうな感じになった。

あらためて、出品目録を見ると、

「第三章漂泊のさだめ作品№47
作品――我々はどこから来たのか
我々は何者か
我々はどこへ行くのか――」

と書かれてある。

この人混みの中では、壁画大の作品のごく一部分しか観ることができないばかりか、その画面を鑑賞者たちの群れが、すぐに寸断してしまうからだ。ぼくは鑑賞者たちが、すっかり途絶えるまで、この巨大な絵画の全体を鑑賞するには、観客たちが途絶える閉館間際まで待つしかない、とおもい、閉館までの三時間余りを憩いのベンチに座って、購入した画集の「第三章漂泊のさだめ、作品№47――我々はどこから来たのか、我々は何者か、我々はどこへ行くのか――」の解説文を読み込むことにした。

やがて観客の通過がまばらになると、急に途絶えがちになった。そろそろ閉館時間が迫ってきているのだろう。ぼくは立ち上がり、再び壁画大の作品の前に立つと、まずは後退して群像表現の構成をつかみ、つぎに前進して細部を見つめる動作をいくどかくり返した。

画面の右端の下に眠る赤子の夢は？　下向きの目線の赤い衣を着た二人の苦悩は？　中

央には背伸びするように果実をつかむ人がいるが、そこは楽園なのだろう、きっと？

（この世に楽園などあるはずがない……）ぼくは胸中で呟いた。

左端には死臭を放っているような、細身で白髪の老婆がいる。その左目線の先になにがあるのだろうか？　樹木や人間や犬や鳥などの生物が描かれている大画面に青白く光り、肘をおって肩まで上げている月の女神のヒナといわれている偶像がある。

その偶像がぼくの目を惹いた。しばらく見つめていると、そいつが口を開き、喉をつぶしたようなおネエの声で、「お前は、死にゆく嘘つき老婆の『タヒチにおいでよ』の誘いにのろうとしているが、そうはさせないぞ！　お前はなにもかも高齢のせいにしやがって、まだ日本の国でやり残したことがあるではないか！　八十六歳なんて、まだ小僧っ子だ。老け込んだり、逃避したりするには、早すぎるぞ！　これから生まれてくる子供らのためにも、お前は議事堂に向かって、権力を握る金の亡者どもへ、『原発即禁止！』と叫びつづけて、闘わなければならんのだぞ！」と嗾《けしか》けられたから、突然、ぼくの意識に混濁が起きて、破壊されたフクシマの原子力発電所がおぼろな幻影みたいに瞼に浮かんだ。こんどは描かれている偶像が、ぼくを諫めるように、ことばを放った。

「あんたは、高齢を言い訳にして、この日本を見限ってタヒチに逃れようとしているわ。

邪念は捨てなさい。伊達政宗の命を受けた支倉常長が、石巻から出港したみたいに勇気ある行動をとりなさい」

つぎは、月の女神・ヒナの偶像が、強い語調で吠え立てた。

「あんたら日本人は、原子力の脅威をヒロシマやナガサキの被爆で充分に体験したじゃないの。世界で唯一の被爆国の日本国が、性懲りもなく原発に依存して、ふたたび、高度経済成長をお望みなのね。活断層が無数に走る日本列島を、取り巻いていくつも建設してしまい、地震のくるたび、怯える始末には、呆れて開いた口が塞がらない。それどころか、目下、核のゴミや危険な使用済みの燃料棒の貯蔵プールはいっぱいだし、膨大な量のタンクの汚染水は放置されたままで、一体どうするつもりなの？ その処分場はまだ決まっていないのよ。そればかりか、３・11の大災害で放射能に汚染された膨大な数の土嚢袋さえも、いまだに野晒しのままじゃない。これから先、あんたの国、日本はどうするつもりなの？」

その声を無視して、ぼくが左へ移動したら、またもや、両膝をおった死臭の漂うような、白髪の老婆の口が動き、子守歌を唄うように優しい声でいった。

「あんた、どこへ行きたいのかね？ 迷っていないで、セシウムやヨウ素に汚染された日本国なんかさっさと捨てて、タヒチにおいでよ」というから、ぼくが死臭のするような老婆を見つめたら、再び口が動き、鬼婆のような青い顔をして、

「村上十七のグズ！　さあ、急ぎな、地震国・日本は沈没するよ。太平洋プレートが沈みはじめているよ。急いで、タヒチへおいでよ」

ぼくは、背後を気にしながらゴーギャン会場から、逃げだした。

No.2　ムンクの画集

リビングルームの卓上電話が鳴っている。

しばらくの間、ほったらかしにしていたら電話が鳴りやまないので、ぼくが受話器を取り上げ、耳にあてると、いきなり、

「本を買いに行くのですね。シルバー・パスで、表通りのバス停からバスに乗って、東京駅東口で降りたほうがいいでしょう。ブック・センターのような大きな書店でないと、あなたのお望みの書籍は見つからないでしょうから」と冷たい声がした。

ぼくは、これから先の自分の行動を読まれているようで、なんとも薄気味悪い。

「あんた、誰かね？」と訊いたぼくの声が震えている。電話はしばらくの間、無言がつづき、先方が静かに切った。

画集を観るのが趣味だった父親が他界して、譲り受けた表通りの呉服店を一人息子のぼ

くが時流に乗せることができず、六十五歳でたたみ、年金暮らしをはじめてから二十数年になる。高齢で独り身のぼくが一日無為に過ごしていると、拙宅にさまざまな電話がかかってくるので、適当に応対していると気が紛れて、愉しくもある。間違い、押し売り、振り込め詐欺などが、少なくない。しかし、このごろは、友人、知人の訃報の知らせがめっきり増えてしまい、なんとも寂しい。

とはいえ、さっきのような得体の知れない電話は、はじめてである。

ぼくは電話の指示どおりにというよりも、端からそのつもりだったが、性別不詳のまるで話すロボットみたいな無感情の電話の声の主に、自分の心の内を覗かれているみたいで、すぐに行動には移せずにいた。だがしかし、覚悟して小雨の中を外出することにした。

ブック・センターの膨大な数の書籍を、ゆっくりと見て回っていると、ぼくは自分の歩行に躊躇を覚えて立ち止まった。本音は「日本人の死生観」についての良書が欲しかったのだが、あの謎の電話の主が気になっていて、死とか生とか霊魂などの書籍を意識的に避けている自分に気づいたからだ。

小雨の降る平日の午後ということもあって、ここも百貨店と同様に、憩いの椅子で居眠りしている老人や、書籍には目もくれずに店内をぐるぐるとウォーキングしているような年寄りもいるし、階段の上り下りをくりかえし脚力強化に努めているギャルもいる。

ぼくは好きな映画や演劇の書物を入念に見終えると、美術書のコーナーにきた。本音を言えば、絵画は嫌いではないが、映画ほど好きになれない。亡父は商売柄、日本画集を観るのが趣味で、和服の柄見本帖のある書棚には日本の画集を十冊ばかり、並べてあったのを想いだしながら、〈セザンヌ〉、〈ピカソ〉と重厚な画集をぱらぱらと見て、〈ムンク〉へとぼくの手がのびたとき、氷のような手に触れて、ハッとした。

「どうぞ、どうぞわたくしご遠慮しますわ。あなた様のお手のほうが先でしたし、わたくし、いまは手元不如意なので、後日、求めることにします」と言った声は、出かける前の謎の電話の声にそっくりだった。それに大きな黒いマスクで顔を覆っているから、面相ははっきりしないが、両眼は窪んでいて充血している。

「あなたさま、ご遠慮などせずに、お買いになってくださいませ。どうぞ、どうぞ」

（こいつは、何者か？　男性か、それとも女性だろうか……頭上には暗黒色の広いつばのハット、そしてそこから流れる赤黒い長髪が悩ましく揺れ、鉄紺とも茄子紺ともとれるロング・ドレスに薫香を漂わせ、長身の足元は漆黒のハイヒールだ。気を引く奇妙な身のこなしに色気を漂わせてゆっくりと遠のいていく……。あいつは女？　それともニューハーフ？……）

ぼくは訝《いぶか》しむ眼差しで、謎の人物が、視界から消え去るまで見つめていた。

その夜、ぼくは書斎で、ムンクの画集に見入った。やがて死の影にとりつかれたムンクの生い立ちが作品とともに、蘇ってきた……。いきなり〈死への径〉の作品についで、あの有名な〈叫び〉だった。さらに〈枯葉を集める死神〉、〈病院での臨終〉、〈吸血鬼〉、〈死臭〉などの作品をムンクの心眼が描かせている。〈ヘルムの死神〉、〈ポツダム広場の霊柩車〉、〈死せる母〉、〈並木道の殺人者〉、〈枯れている樹幹〉……。ああ、とうとう高血圧と過労とで、ほぼ全盲になったムンクの芸術家の網膜に吸い込まれるように見続けてゆくと突如、現れたヨットの上には、骸骨と老人が乗っている〈ヘルムの死神〉という油彩画に、ぼくは度肝を抜かれた。次々にぼくに襲い掛かる作品に圧倒されたぼくは、夜寒の書斎でムンクの厚い画集を閉じたら、ポンと乾いた音が余韻をひいた。

ぼくの眼前に広がった画集のカバー絵は、〈赤い蔦カズラ〉という画題で、白壁に血を塗られたような赤い蔦カズラが這いまわる二階建ての洋館があり、それを背景に、男が描かれていて、なんとその男の赤い目玉は、ブック・センターでぼくに声をかけてきた謎の電話の主とおぼしき人間の眼球にそっくりではないか？　卓上電話が鳴りだした。壁掛け時計を見ると夜中の三時過ぎだ。

（こんな夜中に誰から？　あの黒衣のニューハーフかも？）

ぼくは直感した。電話は鳴りつづけている。暫時、放置していたら、今度はぼくの胸のポケットに入れた携帯電話の着メロが鳴り出した。きっと、あの謎の長髪の人間もどきの電話に違いない。

（携帯電話の番号まで知っているとは？）

ぼくは、金縛りのまま震えていた。

No.3　作家・川端康成さん

長男の大《ひろし》がハガキの整理をしてくれている手をとめて、一枚のハガキをぼくに見せながらいった。

「これは、日本棋院の和室の床の間にある掛け軸の、『深山幽谷　康成』という書体に似ていませんか」

「うん、似ているというよりも、大君、同じ肉筆の書体だよ」

ぼくは、自分宛てにきた賀状を手にして答えた。

（ごつごつした立木の根っこのような個性豊かな毛筆の文字が、ぼくの心を惹きつけてやまない）

往時、ぼくが東京12チャンネル（＝テレビ東京）で担当した、ご対面が売りのスタジオ・ドキュメント番組『人に歴史あり』のタイトル（＝題名文字）とも同一の筆致である。名筆というよりも、ぎらぎらした個性むき出しの筆跡におもえてならない。

ハガキの消印を見ると、昭和四十四年一月二日となっていた。ぼくはすぐにその前年、昭和四十三年十月中頃の記憶を想い起こすことができた。それは、川端さんがノーベル文学賞の受賞のニュース速報をテレビで観て、表敬のために鎌倉の川端康成さん宅へ、駆けつけたぼく自身のことだ。川端家の玄関にはすでに大勢の人の靴が乱雑に積み重なっているし、応接間、居間、台所まで訪問客でごった返していて、足の踏み場もない状態だった。

ぼくは、なんとか台所に潜り込むことができたが、身動きも難しくただひたすら表敬できる順番を待つしかなかった。ぼくは惨めな心境で、自分の行動の遅さを嘆きながら、二時間ほど待ちつづけたが、帰宅する終電がなくなりそうになったので、ついに拝眉しての表敬を諦めて、家の人にぼくの名刺を渡して帰路についたのだった……とぼとぼと暗い夜道を歩いていると、映画『伊豆の踊子』のシーンが、吉永小百合さんだったか、山口百恵さんだったか?……「トンネルを抜けると雪国だった」などと、小説『雪国』の冒頭の文章を呟いたりして、岸恵子さんの扮する芸者・駒子を瞼に浮かべながら、自宅のある善行団地へ急いでいる自分を、いま想いだすことができた……。

川端さんは、日本で初のノーベル文学賞受賞の作家になり、ストックホルムの受賞式に出席した。紋付羽織袴の正装姿の川端さんは、演壇に立ち、冒頭に道元の言葉を引いて、「春は花、夏ホトトギス、秋は月、冬雪冴えて……」と日本の伝統美を称揚する格調高いスピーチをした。その映像をテレビ画面で観ていて、ぼくは、感動を覚えた。

同年暮れに、川端さんは、『人に歴史あり』の番組の題字を毛筆書きしたこともあって、ぼくの名刺を手渡して、家の人に東京12チャンネル（＝テレ東）へ電話をさせ、ぼくの自宅の住所を調べさせたにちがいない。だから元旦にぼくの手許に若井田恒（本名）宛ての賀状がとどいたのだと推測できる。そのうえ、プロデューサー名の若井田久の氏名は、それまでに川端さんは、番組『人に歴史あり』に登場するメイン・ゲストやゆかりの文筆家や各界の著名人たちを興味深く観ていたのだろう。そして折々に、プロデューサー名の若井田久を目にすることがあったとおもわれる。だがしかし、川端さんと一度もお会いすることができずに、その機会を逸してしまったのは残念でならない。けれども、この賀状「賀正迎春　川端康成」をじっと見詰めていると、川端さんの面差しが瞼に浮かんできて、ご対面しているような気にさせられる……。それだけではなく、ぼく自身へ贈られてきたお年玉にもおもえてくるから不思議でならない。なお、川端さんから頂いたこの賀状は、卒寿をすぎたぼくにとっては、家宝にさえおもえるようになっている。

番組『人に歴史あり』の放送をはじめたころは、ぼくは、三十八歳で職制の副部長であり、それに加えて、昼帯（月～金）の帯番組『奥さん！　2時です』のチーフ・プロデューサーでもあったから、超多忙な日を送っていたのだった。

そんなある日、田村源太郎営業局長に呼ばれ、傍の椅子にすわらせられて、

「これは編成部には、了解済みの話ですが、第一広告の道明部長（担当・塩野義製薬）の話では、君は以前テレ朝の『シオノギ名作劇場』という枠で、いくどか、ドラマの演出を担当したことがありますね？」

「はい、何本か」

「それは、良かった。実は、若井田さんが、チーフ・プロデューサーになってくれるのが条件で、スポンサーのシオノギ製薬が当社で番組をやりたい、といってきています。やってくれますね？」

「はい……」（ぼくはこの時、テレビマンとして冥利に尽きる話だとおもった）

文芸春秋の印南さん、鈴木さんたちの協力もあって、題字は川端康成さんに依頼し、ぼくは、スタジオ・ヒューマン・ドキュメンタリーをアットホームな雰囲気で進行させる、というコンセプトの実現へ走り出した。社員の古田君、遠藤君たちの貢献もあって、十三

年もの長い間（昭和四十三年～同五十六年）、放送をつづけられたのは、スポンサーの塩野義製薬さんのお陰だった、とぼくは深く感謝しています。

しかし、民放五社最高の年俸の社長のテレビ東京は、人使いが荒い会社で、しかも民放業界で最低の賃金だったから、ぼくは五十歳のとき、退職金六百八十万円弱を頂いて、テレビ界という大海に出て、プロダクション経営という茨の道を進む決意をしたのだった。

No.4 女優・杉村春子さん

しばらくの間、乾いたハの一音が高く明るく響き、つぎはハ行のいくつかの音が、複雑にからみあって弾んでいたが、突然、息継ぎ音に遮断された。「なんだ、あれは、音ではなく女性の笑い声だったのか」と夢の中で気づき、「たしかにそうだ。中年女性のカラカラと弾んだ明るい、遠くまでとどく、無垢で独特な笑い声だった」とぼくは、寝起きにおもった。

……ぼくは早くも、一九五九年二月一日「日本教育テレビ（＝現テレビ朝日）」の開局直後のディレクターに変身していた。

編成局・第三部の大垣三郎制作部長から、前・後編ドラマ『水は清きふるさと』（田中千禾夫原作・田中澄江脚本、出演・杉村春子、近藤準、南美江、中村メイコほか）の決定済みのテレビ・ドラマの台本を手渡されて、その担当ディレクターに指名されたのだった。

当時、ぼくは悩みぬいた。それは演出そのものについてではない。名優・杉村春子を、ぼくがどう呼ぶか？　についてだ。その結果、先生と呼ばずに、「杉村さん」と決めたのは、演劇界に君臨する女優・杉村春子さんに、こき使われるのではないか、という恐れと不安があったからで、「先生」と呼びながら、へりくだった態度では、ぼく自身が意のままに演出などできるわけがない、との理由からだった。

稽古場で、出演者たちの顔合わせ、衣装合わせを終えて、本読みへとスムーズに進んだ。だが、同席していた原作者の田中千禾夫さんが、台本の台詞の「音信」をインシンと読むべきだ、といいだして譲らない。それで夫人の澄江さんと口論になり、夫婦喧嘩に発展しそうになったが、澄江さんが大声で、「オンシンでいいのよ」と叫んだから、千禾夫さんが肩をおとし譲った。それでことなきを得て、ぼくはホッとした。そしてなんとか、ぼくは立ち稽古にまで漕ぎ着けることができたのだった。

テレビ局の広い稽古場に、ＡＤ（＝演出助手）の中山君らが、四隅や中央のスペースを使って、台本の場面ごとにセットに見立てての立ち稽古がはじまった。ところが、杉村春子さんが上敷きゴザに足を滑らせて、へたり込んでしまった。突然、杉村さんの甲高い笑いが、弾けた。笑いはつづき、ぼくはしばらくの間、やむのを待った。だが、杉村さんの笑い声はとまらなかった。見るに見かねてか、文学座の近藤準さんの声が、飛んできた。「若井田さん、お春さんの笑いは五分や十分じゃ終わりませんよ。今日は二十分ぐらいかかりますかな? 小休止にしましょうよ」といわれたので、ぼくは、準さんのいう通りにした。名優の杉村さんの甲高い笑い声は、稽古場の中で響きつづけている。まるで思春期の村娘のような土の香りがする明るく健康的な笑い声である。

あッ、杉村さんが立ちあがり、パイプ椅子に腰を下ろした。それでもからだを揺すり、お腹を抱えながら、艶やかな笑い声をまき散らしている……。

杉村さんは、築地小劇場で初舞台を踏んだ。一九三七年に文学座を創立させ、中心女優となった。舞台での代表作は『女の一生』、『欲望という名の電車』が挙げられる。それに映画でも、小津安二郎監督や新藤兼人監督の映画作品の常連のほか、多数の映画作品に出演している日本を代表する母親役といわれていて、世評も高い……杉村さんは、まだ笑いつづけている。ここは辛抱強く待つしかない、とぼくは観念し、ひたすら待ちつづけたのだった。杉村さんの、あの異常な笑いを単なる笑い上戸と、当時のぼくはやり過ごしてしまった。時には劇場の大向こうを唸らせもする笑い声でもあるのだが、勘ぐれば、文学座の大幹部の杉村さんは、劇団の運営やら存続やらの問題に苦しみ、座員の大量脱退者の分裂問題の回避などでも苦悩していたから、いつしか自然と身についた本人のストレス発散方法が、あの笑いだったのだろう、とその後、ぼくなりに理解し、納得している。

それから、ぼくが気づいたときには、在京の三劇団のうち、とりわけ文学座との縁が深くなっていた。で、信濃町へ出向き、文学座の映画・テレビ担当の佐藤さんとテレビ・ドラマの配役の件で相談することが、にわかに増えだした。その折に、ぼくはアトリエ公演を観る機会にめぐまれた。中でも格別ぼくの印象が深いのは、サミュエル・ベケット作『ゴドーを待ちながら』である。舞台上には一本の立ち木だけで、二人の浮浪者の会話が織りなす悲喜劇だった。しかし、杉村さんと話す機会は長い間めぐってくることはなかった。

ぼくが「テレビ朝日」から「東京12チャンネル」に副部長として移籍してから、ご対面の感動が売りの番組『人に歴史あり』のチーフ・プロデューサーになり、メイン・ゲストに杉村春子さんを決めた。それで、応接室で杉村さんと談笑したのだが、その内容は、ぼくの記憶からすっぽり抜け落ちている。やがて杉村さんをスタジオ内に誘導し、ぼくはモニター画面を注視していた。クライマックスのご対面が、刻一刻と近づいてくる。突然、文学座から脱退した男女の二十九名のうち、ほぼ半数の面々が現れた。

「まァ、意地悪！　隠れていたりして。お元気？　なつかしいわね！」と甲高い杉村さんの明晰な声が、スタジオ内に広がった。劇団・雲に移籍した座員たちの出現が、再会祝福の爆笑の渦となり、杉村さんを包みこんだ。中でも、艶やかな杉村春子さんの声は、元座員の一人ひとりの息災を優しく気遣って、感動的なラストを迎え、収録を終えることができた。「お疲れさまです」とぼくがゆっくり近寄ると、杉村春子さんの目は涙で潤んでいた。ぼくの目からも、涙が流れだした……。

No.5　俳優・渥美清さん

ある日の午後、ぼくはいつものように、六本木にある自社（映像プロダクション）へ行くために東横線の中目黒駅で降りて、六本木方面行きの車両を待っていた。やがて、プラット・ホームに乗客がいっぱいになったが、すぐに渋谷行の車両がきて、乗客たちをさらっていった。それで、ぼくともうひとりの男性が残った。男は白い野球帽にブルゾン姿で、スニーカーを履いている。ぼくが、左手十メートルほど離れた男を見たら、目と目が合った。ぼくのからだは、凍りついた。下駄さん（渥美清の愛称）だったからだ。

下駄さんも気づいたらしく、もじもじしている。二人の間には、すでに他者の侵入を許さない張り詰めた空間が、生まれていた。

……日本教育テレビ（現テレビ朝日）の第三演出部のディレクターだったころのぼくの記憶が、いきなり蘇った。連続青春ドラマの主役・守屋浩、準主役に起用した喜劇役者がその男で、綽名は下駄さんと呼ばれる男優だった。

リハーサルでの小休止のときに、いつもぼくの耳元で、「ディレクターさん、見ていてよ。いまに絶対にのし上がってやるからね」と立ち稽古のたびに話しかけられ、ニタリとする笑顔がなんとも可笑しくて、ぼくは腸《はらわた》がよじれるほど笑わせられた。

ドラマの二話目だったか、三話目かの立ち稽古の終わりにぼくは、マネージャーを通して、下駄さんを居酒屋に誘ったことがあった。すると、下駄さん自身が、演出部のぼくのデスクまでやってきて、「若さん、ちょっと」と廊下に引っ張り出された。

「ごめん、ごめん、おれ、浅草六区時代に無茶しちゃってね、飲めないからだになっちまったのだよ。左の肺がないのだよ。手術してとっちまったのさ。生きているのが不思議なくらいなのだ。それで酒も、徹夜マージャンも、激しい運動もきっぱりと諦めたのさ。でもさ、この俺を酒にさそってくれたあんたの気持ちが嬉しいよ。ありがとう、ありがとう。この連ドラの『大学は花盛り』が成功するといいね。可笑しいこと、どんどんいってよ。あんたの注文なら、どんなことでもするからさ。こんな顔どうかね？ バナナの叩き売り、万年筆の泣き売《ばい》、大道香具師《だいどうやし》の口上だって、なんでもやるよ。下駄さんって冷やかされたって、めげるものか！ 俺の顔ほんとうに下駄みたいだもん、な？」といい、ニタリと笑った顔が、可笑しくて忘れられない。

いま、下駄さんは映画の寅さんシリーズで、全国誰もが知っている喜劇役者・渥美清として頂点にのし上がってしまった。だからいまさら、ぼくに、「あの、テレ朝のころはどうも」なんて切り出せないだろう。ぼくにしても、超有名人の下駄さんに、もみ手でにじり寄るまねだけはしたくないし、それはぼくの沽券が許さない。そう、下駄さんが、ほどの出世なら、このぼくも自分に素直な気持ちで、「やあ、下駄さん、元気でしたか」と声をかけて、下駄さんに近寄れるかも?……いや、それはできない。だって今は、喜劇王と謳われている役者なのだから……おや、下駄さんが少しぼくに近づいたようだ。ぼくも、下駄さんに近づき、あと半歩、下駄さんに近寄れたら、声をかけるぞ……いきなり突風が僕の顔に吹きつけて車両がつぎつぎと横切り、停車した。すぐに大勢の客たちが、吐き出されてしまうと、下駄さんは野球帽を目深にかぶり、先を急ぐ多くの乗客にもまれながら日比谷線に乗り込み、どこかへ行ってしまった。ぼくは、それをじっとやり過ごし、つぎの日比谷線の車両を待つことにした。ぼくは、この遭遇を意図的に逃したことは、おそらく下駄さんとの永訣になるだろう、とおもいつつ、「日本一の喜劇役者の下駄さん、からだを大切にしてよ、サヨウナラ」と胸中でつぶやいた。

その日は勿論、ぼくは六本木のプロダクションの社長椅子に腰を下ろしただけで、仕事はまったく手につかなかった。その訳は、ぼくの意地、いや矜持にあるらしい。「やあ、下駄さん、しばらく」とはいえたが、下駄さんから「えッ、どこのお方?」と白を切られて大恥をかくのを、ぼくが恐れたからだろう。これが、ぼくの本音だったのかもしれない。いや、下駄さんは、そんなことをする男ではない。だって、野望を燃やして、日本一の喜劇役者にのし上がった渥美清さんだからだ……。

本名・田所康雄(渥美清)は、巣鴨中学校を卒業後、いくつかの劇団をわたり歩き、浅草のフランス座で、コメディアンとして修行中に、麻雀や酒浸りの生活がつづき、病に倒れ、片肺切除の大手術を受けた。が、それにめげずに苦労に苦労を重ねて、野村芳太郎監督の映画『拝啓天皇陛下様』で好演した。これが出世作となって、羽仁進映画監督や加藤泰映画監督にも認められ、ついに山田洋次映画監督の映画『男はつらいよ』の喜劇シリーズにたどり着いたのだった。

生まれついての下駄顔、天衣無縫の身のこなし、笑いを誘うムード、それに加えて、大道香具師の口上の小気味よさ……これらが喜劇役者としての才能を高め、天才ともいえる境地にたどり着いたのだろう。……ああ、ぼくの胸がわくわくするほど懐かしい。テレビ朝日の連ドラの『青春ドラマ・大学は花盛り』の詰襟の学生服に角帽姿の下駄さんが、いつまでもぼくの瞼から消えないでいる。「下駄さん、こんど逢えたら、きっと、ぼくの方から声掛けをするからね！」とぼくは、頭上の青天へ誓ったら、間なしに「若さん、下駄さんはやめて、渥美ちゃんと呼んでおくれよ」という返事が降ってきたような気がした。

No.6　女優・轟夕起子さん

子供のころのぼくは、遊んでばかりいて勉強嫌いで、たいそうませた子だったようだ。青山尋常小学校の高学年になると、ラジオから流れてくる落語や浪曲などをまねて、よく大声で唸ったりしていた。それで、隣家の主人から「お宅の息子さんは、浪曲師になるのかね？」と母が訊かれたほどだった、そうだ。ぼくは広沢虎造の「石松三十石船」が得意で、教室でもよく名文句の……江戸っ子だってね、神田の生まれ、よ……よう、鮨、食いねえ！　あいつは馬鹿だからね。ああ、馬鹿は死ななきゃ治らない……なんて、大声でわめいたりしたものだ。ここらのことは母親の影響が強く、ぼくもラジオやレコードによく耳を傾けていた光景が想いだされてくる……。

ぼくは、幼稚園へ行くのを嫌い、育つにつれて落語全集やら、映画などに興味を持つようになった。小遣いがなくなると、青山北町五丁目の映画館の高い竹垣の塀を乗り越えて、映画を観たのは一度や、二度ではない。確かな記憶は、このころに嵐寛の鞍馬天狗や阪妻の無法松の一生を観たことが、はっきりとぼくの記憶にのこっている。

ある日の夕方、ぼくが、近所の銭湯の番台前の扉に貼られてある映画ポスターの隅が三角に切り取られているのを、じっと見つめていたら、番台の主人が、「それは、映画がタダで観られる鑑賞券だよ。こんどポスターが替わったら、君にあげるよ。早く服を着ないと、風邪ひくぞ」と注意された。それからは、その三角形の入場券で五丁目の青山映画館にぼくは胸を張って、月一回無料で入れるようになり、そのとき、天にも昇る心地になったのをいまでも、ときどき想いだしたりする。そう、ぼくは神宮外苑で遊び疲れて家に帰ると、宿題には目もくれず、落語全集を読んだり、落語の寿限無を暗記したり、柳家金語楼の兵隊落語の練習に熱を上げたりもした。

あっ、そうそう、あれはたしか、『世紀は笑う』という題名のラブ・コメディの映画の主役に轟夕起子さんと、男優・杉狂児さんとが共演していて、たしか、轟さんは手品師の花形スターとの二役だったことまで、はっきり憶えている。

小学生のぼくは、劇中歌を覚えたくて、三回つづけてその映画を観た。傍の便所の臭いが、プンプン鼻にくる堅い木製の長椅子に座って、鼈甲飴をペロペロなめながら、ぼくは映画に見入っていたものだ。

♪　トランプ　トランプ
　トランプ　トランプ
　肌身はなさぬ　トランプで
　泣いて明日を　占う

この歌を、ぼくは小学校の休み時間に、教室で得意になって唄ったりした。だからぼくは今でも唄うことができる。

一九六〇年一月十八日に、ぼくが三十歳になったときのことだ。テレビ朝日に入社してほどなく、ドラマの『女の四季』（八田尚之作・大垣三郎制作・サブタイトル・母のお見合い）前後編三十分ドラマの演出を、大垣部長からいきなり指名され、台本を手渡された。「主役は轟夕起子さんで、話し済みだから、よろしく」といわれたから、ぼくは突然、スクリーンから轟さんが、飛び出してきたような気がして魂消《たまげ》た。

ぼくはすぐに、若原雅夫、夏川大二郎、松村達雄、稲野和子などのキャスティングを終え、主役の轟さんの脇を固めると、すぐに顔合わせ、衣装合わせ、本読み、立ち稽古に入り、ＡＤの中山雅美君ともども、スタジオでのＶＴＲ収録に突進していったものだ。

その後、別のドラマの演出の度に、ぼくはアパートの自宅に帰る時間を惜しみ、テレ朝の宿泊室にいくど泊まったかしれない。その当時のぼくは、週一クイズ番組の当日だけの助手での手伝いと、週一ドラマの演出を担当していたから、刻々過ぎてゆく時の流れに非情さを感じてならなかった。収録日にスタジオ内でぼくが注視していると、ぼくの意図した通りに主役の轟さんが、先頭に立ってテキパキと他の役者さんたちをひっぱっているではないか……ぼくは轟さんに感謝した。この動きの源は、本番収録前に轟さんの控室で、ぼくが小学生のころ観た映画の『世紀は笑う』のエピソードを語ったことが、好印象を持たれたに違いなく、それからは、ぼくのことを「若さん」と明るく呼んでくれるようにもなった。ぼくの人生にとって、これほど素晴らしい奇縁というか、めぐり逢いはないだろう、とそのとき、そうおもった。それから年月が経って、ぼくの我儘《わがまま》で、テレ朝から東京12チャンネルへ移籍したぼくは、番組『人に歴史あり』でメイン・ゲストとして再度、轟さんにご登場を願った。が、轟さんの映画での想い出が、いくつも浮かんできて整理がつかない。で、ひとつだけいうなら、それは、若き柔道家の藤田進が師匠の娘役を演じる轟夕起子さんの下駄の鼻緒を挿《す》げ替えてやるシーンである。これは黒沢明監督のデビュー作品『姿三四郎』で、轟夕起子、藤田進、大河内伝次郎、月形龍之介、志村喬さんたちと共演している映画の一場面だが、なんとも清々しい藤田進・柔道家の恋心にぼくが感銘したからであろう。ともあれ、轟さんは演技力に加えて、歌唱力にも優れていた。耳を澄ますと、『お使いは自転車に乗って』の爽やかな歌声が遠くから、ベルを鳴らしながらやってくる……。

No.7　女優・左幸子さん

左幸子さんが離婚する以前のことだ。あれは？　たしか、エランドール賞の授賞式のある新春パーティー会場で、ぼくは肩をやさしく叩かれた。

「若井田さん、お忘れなの？」

「あッ、左さん、ごぶさたしています」

「ずいぶん痩せたって、いいたいのでしょう？　ちゃんと生きていますわよ。でも、一年もかかったのよ……カーテンを引いて、暗い部屋でローソク一本灯して、毎日毎晩考えたのよ。でも、いまはすっきりしたわ」

左さんが問わず語りに、しみじみと話した光景を、ぼくは、いま想いだしている。

（あの品川の上大崎の自宅で、あまりのショックがもとで一年もの間、カーテンを引いて昼夜ローソク一本の生活がつづいたというのだろうか？……）

ぼくは、心が凍りつくおもいだった。そのときの、左さんの言葉と富山県特有のイントネーションまでもが、ぼくの耳に、まだ、しっかりとこびりついている。

ぼくは、すぐに手許のハガキの束から抜き取って、左さんからきた挨拶状を見た。


前略　私事で恐縮ですが、皆さまに祝っていただき、羽仁進と結婚いたしまして、はやいもので十七の年月がたってしまいました。

彼からはいろんなことを学び、教えられました。が、何時の頃からでしょうか、お互いにものの見方、考え方の違いが生じていることに気づき、私なりにその間隔を縮めようと努力致してまいりました。が、その努力も実ることなく、止揚しない生活を続けるよりも、むしろ、お互いにゼロから出発した方がよいのではないかと、私なりに結論を持ち、羽仁進に申し出て二年になります。

今ここに二人の話がつき、それぞれの道を歩むことになりました。十七年の間、我々二人に沢山のお力添えを頂きましたことを厚く御礼申し上げます。

（以下略）

一九七七年七月十二日

ぼくが女優・左幸子の名前をはじめて耳にしたのは、大映多摩川撮影所の特殊撮影課に勤務していたころのことで、当時、アフレコの際にスタジオ内を飛んだり跳ねたりしながらやり遂げた、女子体育大卒のピチピチした女優さんがいるらしい、という噂が撮影所内を駆け巡ったからで、増村保造監督の映画『青空娘』の主役出演だった、と記憶している。その後、『飢餓海峡』や『にっぽん昆虫記』での映画作品で演じた左さんの演技は、ビビッドで、色気がプンプンしているから凄い、と評判になり、ぼくも左さんの映画作品を観て唸りどおしだった。その後、ベルリン映画祭で受賞した。このことは当然のことで、ぼくも賞賛に値する演技だったとおもうし、その後も新たな演技派女優の誕生として、注視していたのだった。

そうはいっても、あの映画テレビ・プロデューサー協会の新年の宴会場での左幸子さんは、違っていた。決して加齢のせいだけではない。少し誇張を許されるなら、人生の翳とも、魂の切なさともいえる孤独感が、左さんをすっぽりと覆っているような気がした。それだから、ぼくは声を掛けられなかったのだろう、とおもう。

左さんは、なにやら切羽詰まった熾火を両眼に秘めたような眼差しで、ぼくを見て、

「また、マージャン大会をやりましょうよ……みんな、お爺さんになっているでしょうね」

そういって左さんは、明るく笑った。

「……」ぼくは、ただ微笑みを返しただけだった。

勘の鋭い左さんは、一瞬、気まずさを見せ、「このサーモンをお取りしましょうか」といったが、ぼくは「結構です。ちょっとワインのお代わりをもらってきます」といい残し、その場を離れた。

そう、あのときが、ぼくが左さんを見た最後になってしまった。

ぼくが、東京12チャンネルの演出局長に就任した早々、最初のスタッフ会議で、『奥さん！2時です』（月〜金ベルトの一時間番組）のメイン司会者を左幸子さんに決めたこともあって、パリに滞在中の彼女に国際電話で出演交渉をすることとなった。

「ありがとうございます。喜んでお受けいたします」とまるで小躍りするみたいな明るい声が、今なお、ぼくの耳に残っているし、そうそう、ぼくが二人の部下を連れて、左さんのお宅でチーズフォンデュをご馳走になった光景までが、急に想いだされてきた。和やかな会話に花が咲き、そしてぼくたち三人は、左さんを加えてマージャン大会をはじめたのだった。負けず嫌いな気性の一面をさらけ出した左幸子さんは、ツキまくったせいもあるが、明るく大きな声を張り、「ポン、ほら、和了、大三元よ」と威勢のいい声をいくども放った。まったく飾らない人間・左さんとの愉しい光景が、ぼくの瞼に、いまでも浮かんでくる。

過ぎ去ったあの新春パーティの会場で、左さんからのマージャン大会の誘いに、ぼくは乗っておけばよかった。ぼくは、街の横町にある麻雀店の看板を目にすると、左幸子さんを想いだし、なぜか切なくなることがある……。

No.8　自民党幹事長・田中角栄さん

ある日、ぼくの長女の史《ふみ》が、「番組『人に歴史あり』のVTR収録時の田中角栄さんのお齢はおいくつでしたか？」と訊くから、

「四十七歳の自由民主党の幹事長のときだったよ」とぼくは答えた。

「そのとき、田中幹事長は何といわれました？」と再び訊くから、ぼくは、こう答えた。「君、きみ、東京12チャンネルはだね、日経新聞の傘下になってよかったのだ。それで、朝日新聞が10チャンネルになり、やっと腸捻転が解消されたのだよ。プロデューサーの若井田君、これで在京民放五社のテレビ局と新聞各社が、はじめて整理統合できたからね。俺が大鉈を振るったのだよ。喜ばしいことだ。君はそうおもわんかね」と濁声《だみごえ》でまくしたてた。角栄さんは、四十七歳の働き盛りだったから、顔にぎらぎらとエネルギーが漲っていたみたいだった。

この腸捻転解消は、第一次岸改造内閣で、若干三十九歳の田中角栄さんが郵政大臣に就任するや、一気呵成にこの民放と新聞社の整理統合をやってのけたのだった。ぼくは、若い田中角栄さんの行動力に感服したし、そう、このときが、ぼくが田中角栄さんのファンになった瞬間でもあった、といえるだろう。

史が、真顔で「高等小学校卒業でしかないのに、立派ですわね」

「そうだね。必要なのは学歴じゃない、学問だよ、が口ぐせの角栄さんが、一九七二年七月六日に五十四歳で、日本国の内閣総理大臣に指名されると、同年九月には早くも日中国交正常化を実現している。……この若さ、このスピード、これは凄い。ぼくは唸るばかりだった。しかし、このことが、米国に不快なおもいをさせる原因になってしまったのだね」

そのころは、世界的石油危機で日本経済がダメージを受けていたこともあって、前々から角栄さんのファンのぼくは、世界に誇れる日本人の主役は、政治家なら田中角栄さん、国際的映画スターなら三船敏郎さんとおもっていたこともあって、『世界の主役』という番組に出演依頼をするために内閣官房へ赴き、小長啓一秘書官とお会いすることとなった。

当時、下火になったとはいえ、巷では「日本列島改造論」がまだくすぶっていたこともあって、『世界の主役』（インタビュアー：中丸薫、コロンビア大学卒）の番組コンセプトの説明をぼくが行い、登場していただく日本人は田中角栄総理大臣を措《お》いて他にない、と力説したものだ。小長啓一秘書官は、ぼくの書いた企画書に目を通していた。ぼくはいろいろと難癖をつけて、ごねられるものと覚悟していたが、すぐに沈黙は破られた。

「すべてお任せします」とぼくを直視して、明晰な口調でいった。

なんと簡潔な物言いだろうか。小長秘書官の凛とした態度にぼくは好感を持てた。

当時の東京12チャンネルは、労使との対立が激しく、労組は誹謗中傷のステッカーをデスクやロッカーや、報道局の天井までも貼りつけるばかりか、ストライキを連日打ったり、予告なしに、スタジオを占拠する暴挙に出ることもあった。それを防止するために、ぼくは秘策を考えた。中継録画車を、ホテル・ニューオータニに横づけさせて、見晴らしのよい会議室に対談セットを組んで、番組内容を録画することを、報道局次長兼プロデューサーのぼくは、独断で考え、実行に移す決心をしたのだった。

ぼくは、「すべてお任せします」の小長秘書官の信頼に満ちた一言が、ひと時は嬉しかったが、日が経つにつれて責任の重さをひしひしと感じるようになった。民放の「総理に聞く」みたいな単調な番組の亜流だけにはしたくない、とひたすらと腐心していたのだ。

やがて労組の幹部らは戦術を変え、多数の組合員を引き連れて、スポンサーの京橋本社の玄関前で、「『田中総理の世界の主役』の番組提供をやめろ！」とシュプレヒコールの怒号を、長時間浴びせつづけたという。一体全体、どこの民放局の労働組合が、「自社制作番組の提供をやめろ！」などと叫びつづけたりするだろうか？　その直後、ぼくは田中総理の生誕地の新潟ロケを済ませ、それを効果的に挿入できたから、日本の庶民を代表する宰相として賛美できたとおもうし、加えて中丸薫さんも、的確な質問を田中総理にぶつけていたから、内容も引き締まり、メリハリの利いた番組になったとおもう。

一九七四年二月二十四日、『世界の主役』（サブタイトル・物価高の難問に挑む――田中角栄内閣総理大臣）の放送を無事に終えることができた。

しかし、『世界の主役』の番組そのものは、五週間後の『男優・三船敏郎』の放送をもって消滅させられた。なんとか、百人までは放送したいと頑張っていたぼくは、愕然とした。このときほど、ぼくは、東京タワーの足元にある12チャンネルの社屋をぐるり囲む民放各局の労組の赤い幟旗や労組委員長を憎々しくおもったことはない。報道局次長兼社会教養部長兼『世界の主役』の番組のCP（＝チーフ・プロデューサー）だったぼくは、報道局長ともども、営業局へ配置転換させられた。当然なこととはいえ、ぼくは悲嘆に暮れた。で、二年ほど頑張ったら赤字会社が黒字会社に転換できたので、これをしおに、ぼくは退社して、「ワカイダ・プロダクション」を設立した。やがて、会社（現テレ東）自体も労使紛争での敗訴判決を受けた。確かな年は忘れたが、社友会で元労組委員長がぼくに、ニコニコ顔で近づいてきて、「若井田さん、わたし、こんなことになりまして」と名刺をくれた。見ると、テレ東の関連会社の代表取締役という肩書だった。（オレの仇敵が?·）と、ぼくは絶句した。

No.9　詩人・サトウハチローさん

ハチローさんの肉筆の原稿用紙（四百字詰）が、ぼくの手許に二枚ある。

一枚目には、こんどの作品は、ひどかったですね。前の二回が――「リラの花」ともうひとつ前の「淡いラブソング」みたいなもの――よかったので、安心していたら、ひどいものがずらり、びっくりしました。やっと「通り雨」を、とりあげて、なおしにかかりました。何とか形にはなりましたが、一時、どうなるものかと、ウイスキーをガブのみしました。したがって佳作もひどいです。こういう時もあるんでしょうな。

「サトウハチロー」と書いてあり、二枚目には、「五月五日の歌」と題した詩の創作が綴られてあった。

こいのぼり　ながめてる　五月五日

弟が　手をたたく　五月五日
かしわもち　たべている　五月五日
うれしくて　たまらない　五月五日

やぐるまが　まわってる　五月五日
ふきながし　ゆれている　五月五日
かあさんが　わらってる　五月五日
かぶとまで　げんきだよ　五月五日

ともだちも　はずんでる　五月五日
ぽんぽんと　うたがでる　五月五日
いつまでも　ゆかいだよ　五月五日
一日が　たのしいぞ　五月五日

この二枚の肉筆原稿は、ぼくが東京12チャンネルのワイドショー『奥さん！　2時です』

のCPの際に、作詩コーナーを新設し、ハチロー先生を起用したときの返事と創作詩である。

当時、ぼくは、文京区弥生町のサトウさんのお宅にいくどか打合せに行った。野球好きのサトウさんは、少年のように燥《はしゃ》いでしゃべり、太鼓腹をかかえて笑ったものである。草野球、職業野球、プロ野球などのエピソードにふれ、話は際限がなかった。ハチローさんは持病の糖尿病についても、「庭に出て立ちションするとね、若井田君、みるみるうちにね、アリがむらがり、真っ黒になるのだよ。悪寒を感じるくらい気味が悪いものだよ」と明るく愉快に語ってくれたりもした。

宮中雲子と名乗る女性秘書兼お弟子さんが、お茶を運んできて去ると、「彼女のペンネームの命名者はボクなのだよ」と言い、にたりとした。宮中雲子のペンネームを何度も、音読み、訓読みを繰り返して、呵呵大笑した。ハチローさんの顔は、まるでホカホカのジャガイモみたいで、無邪気さと純粋さとが、直にぼくに伝わってくるようだった。

サトウハチローさんは、若いころ、西条八十の門下生となり、童謡を多数創作し、一九三〇年（ぼくが生まれた年）から、歌謡曲の作詩も多数遺している。それらの詩はいずれも、かざらない、すなおなこころと、あたたかさにあふれている。

戦後、サトウハチローさんが作詞し、万城目正さんが作曲して、歌手の並木路子さんが晴れやかに歌った『リンゴの唄』が、戦後のヒット歌謡曲第一号になった。

♪赤いリンゴに
くちびる寄せて
だまってみている
青い空
リンゴはなんにも
言わないけれど
リンゴのきもちは
よくわかる
リンゴ可愛や
可愛やリンゴ

おもえらく、太平洋戦争に敗れ、八月に無条件降伏した日本の戦後の、打ち沈んでいたぼくたち日本人のこころは、この歌にどれほど元気づけられたことだろうか……。

いま、ぼくは、サトウハチローさんが色紙によく書いた母おもいの言葉を想いだすことができた。

母ありて　われあり
悲しくも　懐かし

No.10 俳優・長谷川一夫さん

いま、東京府赤坂区青山南町二丁目の自宅で、母が婦人倶楽部を手にして、「かわいそう、かわいそう」と嘆いているばかりか、目には涙をうかべている。傍でその光景をいぶかしげに眺めているのは、尋常小学校高学年のぼくである。昭和の二枚目スターの林長二郎が、撮影所の裏で、暴漢におそわれて、左頬を二筋、一枚の剃刀で斬りつけられたという。「俳優としての復帰はむずかしいわね」とぼくにいい、母は悲嘆に暮れているのであった。

爾来、三十年の歳月が経ち、番組『人に歴史あり』のCPになっていたぼくは、先の太平洋戦争で、大分県に疎開したままになっている母のもとに長距離電話で、長谷川一夫さんをメイン・ゲストに迎えて、番組の制作をすることになった旨を知らせた。受話器の向こうで、「そうな？ ほんとな？ 頑張らにゃいけんよ」と答えると、母は泣きだした。ぼくも泣いた、涙がとまらなかった。

母とぼくとの無言電話には、ことばはもう要らなかった。しばらくの間つづいた親と子の無言電話には、三十年間の空白を埋め尽くすほどの深い感慨にお互いが酔っていたのだ、といってもいい過ぎではないだろう。

一九二七年(ぼくの生まれる三年前)、長谷川一夫は無声映画時代には林長二郎の芸名で、松竹の下加茂川入りし、衣笠監督と組んで「お嬢吉三」をはじめ、数々の作品で話題を呼んでいる。トーキー映画時代になっても、長谷川さんは衣笠監督と組んだまま、人気スターに駆け上がって行った。

ところが、長谷川さんは歌舞伎世界の古い体質に反発し、松竹との契約問題のもつれから、東宝に移籍することとなった。「恩知らず」とマスコミに叩かれ、それが因で刃傷沙汰が起きたのだった。番組『人に歴史あり』のCPのぼくの手控えには、東宝の新しい製作予算の管理強化のプロデューサー・システムと松竹の古い監督至上主義との象徴的対立が引き起こした刃傷事件か?　と記してあった。

長谷川一夫さんは、頬の傷も癒えて、再出発となった。松竹との約束を遵守して、映画スターとして売れている林長二郎の芸名を棄てて、本名の長谷川一夫で復帰を決意したのだった。再起第一作は、東宝で効率的な製作を進める森岩男が、菊池寛原作の『藤十郎の恋（山本嘉次郎監督）』と決め、映画化に成功し、一九三八年に封切りになったのだった。

一九六九年、『人に歴史あり』の収録日に、ぼくは会社の玄関で、事務所との連絡通りに、二時間前に母の言葉を噛みしめながら待っていた。いきなり、高級車が横付けになった。ぼくとの挨拶は手を挙げただけで、長谷川さんは大きなメイク箱を下げた付き人と共にロビーを走りぬけると、ゲスト専用の控室に籠もってしまい、二時間後のスタジオ入りするまで出てくることはなかった。ぼくは、いつも通りにメイン・ゲストと歓談できるものと期待していたが、それもかなわず、残念でならなかった。それに加え、ぼくはこれまで、あれほど大振りのメイク・ケースを見たことがない？……。

いま、長谷川一夫はどうしているのだろう？　そうだ、二時間ほども早入りしたわけは、きっと陥没した左頬の修正のためだったのだろう。それで、きっとメイクに余念がないのだろう。局のメイキャップさんには決して任せずに、自分自身が満足するまで鏡に映る自分の顔を見つめ、メイク修正を繰り返しつづけているのだろう。そんな長谷川さんを、ぼくは想像していたら、なんともやり切れない気持ちが、胸にこみ上げてくるのだった。

これは異常な行動だ、と揶揄嘲弄するファンがいるなら、ぼくは、そいつらにいいたい。天下一の美男子といわれている役者さんだ。ファンたちへの誠実な、決して妥協をゆるさないサービスが、そうさせているのだとおもうが、ぼくのこの考えは、どうだろうか？

ぼくは、ほどなく本番収録がはじまります、とマジック書きした大学ノート大の紙片を、タレントの個人控室のドアー下の隙間から差し込んだ。すると、長谷川一夫は凛々しい顔でスタジオへ向かい、収録はなんとか無事に終えることができて、ぼくは、安堵した。そうそう、長谷川一夫さんの主演映画の代表作といえば枚挙にいとまがないが、ぼく好みでいうなら、『忠臣蔵』、『近松物語』、『雪之丞変化』、『銭形平次』などである。

それにつけても、一九五三年の大映第一回総天然色映画・永田雅一製作（菊池寛原作・袈裟と盛遠）を衣笠貞之介が脚色監督した『地獄門』が、カンヌ国際映画祭でグランプリを受賞したことは、日本映画史にとっても賞賛に値する快挙といっていい。長谷川一夫さんは、またしても東宝から大映の専属スターとして移籍していたのだが、菊池寛、長谷川一夫、衣笠貞之介のトリオの強い絆が、勝ち取ったグランプリでもあった、とぼくは勤務先の大映多摩川撮影所の特撮課で知り、小躍りして喜んだ記憶まで、はっきりと甦ってくる……加えて、長谷川一夫さんの反骨精神は、松竹、東宝、大映への人生遍歴が、話題作映画の数々を生み、国民栄誉賞の受賞につながったのだ、ともおもう。

昔、ぼくが青山尋常小学校の高学年のときに、長谷川一夫さんの熱烈なファンだった母の嘆く光景が、想いだされてくる。いま、母も天国できっと歓喜していることだろう。

ぼくは、母の蓋棺の際、母がいつも大切にしていた、あの涙の滲んだ古ぼけた一冊の「婦人倶楽部」を入れようとしたが、疎開したときに紛失したらしい。空に虹がかかる日には、笑顔の母が「そうな、ほんとな？　頑張らにゃいけんよ」との声が、聞こえてくるような気がする。

No.11　作家・水上勉さん

いま、ぼくは玄関脇の壁に掛かっている二つの額入り色紙をじっと眺めている。
一つはマジック書きした「尾上梅幸」とかかれてあり、もうひとつは「花よりも草になりたい　水上勉」と毛筆書きした色紙である。

いずれも肉筆で、ぼくがテレビ朝日のディレクターのころ頂いたものだ。梅幸さんの色紙のほうは、俳優座卒業公演直後に寺島清江さんをテレビ・ドラマに起用したところ、愛娘のために、局のタレント控室にまで駆けつけてくれて、「どうか清江をよろしくご指導くださいい」といいながら、さらさらとマジック書きして、僕にくれた色紙である。

水上さんの方の色紙は、どんな経緯だっただろうか？　と急いで記憶を辿ってみたら、水上勉さんの成城の応接室で、三十代のぼくがイライラ顔で待機しているのを想いだせた。

当時のぼくは、作家・水上勉さんの大ファンであったから、演出局のぼくのデスクから、勉さんに色紙に好きな言葉か、座右の銘などを書いておいてください、とお願いしてあったものだ。流行作家の勉さんは原稿執筆に追われて、なかなか書いてくれない。それならば、ぼく自身が成城の水上家まで出向くしかない、と考え、勉さんが二階から下りてくるのをひたすら待ちつづけていた。そうそう、それ以前の取材の折に、ぼくは二階を拝見させていただいたことがある。連載用のデスク、書下ろし用のデスク、選集推敲のデスクの三台が、窓際にしつらえてあるのを知っているぼくは、「いま、勉さんはどのデスクに向かって、原稿用紙にペンを走らせているのだろうか?」などと考えていたら、勉さんが二階から下りてくる階段の足音が聞こえた。

和服姿の二枚目の勉さんは、定席に座ると、「若井田さん、何て書きましょうか」と呟き、——花のさく木になるよりも　大地に根を張る草になりたい——と書きあげ、筆を擱《お》いた。「しまらないね……こうしよう」と別の色紙に「花よりも草になりたい　水上勉」と流れるように書き終えてから、「若井田さん、これでいきましょう」といった。

勉さんは常に、ぼくが演出担当のテレビ・ドラマの本読みには、顔を見せてくれたし、小説の創作動機や作中人物の性格などについても語ってくれたものだ。

テレビ朝日時代のぼくは、『フライパンの歌』（出演・伊藤雄之助・伊藤幸子ほか）、『西陣の蝶』(出演・乙羽信子、松村達雄ほか)、『見合いした女』(出演・伊藤雄之助、中村メイコほか)などの演出を手がけていた。

テレビ東京時代では、『死の流域』(出演・伊藤雄之助、梅津栄、浦川麗子ほか)、『三条木屋町通り』(出演・扇千景、多々良純、佐々木愛ほか)などの演出をしている。

水上勉さんは立命館大学文学部を中退し、さまざまな職歴を経てから、一九六一年に、小説『雁の寺』で直木賞を受賞した。そして話題作の『飢餓海峡』をはじめ、『桜守』、『越前竹人形』、『金閣寺炎上』、『一休』など多くの作品を遺した。

ぼくは、勉さんから赤坂の小料理屋に誘われたことを、はっきりと覚えている。勉さんは、昔の貧乏時代の苦労話を赤裸々に告白し、ゆっくりと話してくれた。それで、ほろ酔い気分になったころ、ぼくは思い切って質問をぶつけてみた。

「勉さん、作家としての信条、いや、信念といってもいいですが、それはなんでしょうか」

「うーん、そうね……」としばらく考えてから、「そう、もの書きは、いうならば怨念とか、執念とかを大切に育てるくらいでないといけません」といった。ぼくは作家の執念に直に触れた気持ちになった。……勉さんは、逃げた女房らしい女を小説でいくども殺している。

一九六二年一月から十二月の間、週刊朝日に小説『飢餓海峡』を連載して読者から好評を博していた。ぼくの職場の財団テレビ局（＝テレビ東京の前身）は開局後二年足らずで赤字経営に陥り、五百名の職員のうち二百名の馘首を断行して、ぼくの将来も危ぶまれるまでになった。そんなある日、佐々木六郎制作局長（元朝日新聞外信部長）がぼくに、デスクから手招きをするから、局長席まで行ったら、「若井田さんは元気ですか、私が心配していますと、よろしくお伝えください」と作家の水上勉さんが言っていたよ、と囁いてくれた。勉さんの優しさを耳にして、ぼくの目頭は熱くなった。

ところで、勉さんは舞台芸術への関心が強く、文化座の佐々木愛の一人芝居『越後つついし親不知』の演出まで手がけている。ぼくは、アトリエ公演を観て、完成度の高い舞台に酔いしれた。その後ほどなく、文化座五十周年の立食パーティーが催され、千田是也さん（俳優座代表）、川口幹夫さん（ＮＨＫの会長）、水上勉さん（作家）の順で祝辞があり、乾杯が終わると、立食パーティーがはじまった。すると、すぐに湯呑茶碗の酒を手にした勉さんが、ぼくに近寄ってきて「しばらくぶりです。不義理を重ねてすみません。一九八九年に団長として、文士たちを引き連れて訪中したとき、たまたま天安門事件にでくわし、足止めを食らい、体調をくずして成城の自宅に担ぎこまれたのです。手術の結果、心臓が三分の一になってしまいました」と弱々しいことばを吐いた。それでか……ぼくからも積もる話がいっぱいあったのに、話に花の咲かずに、別れ際に勉さんが「若井田さん、私の小説は古いですかね。テレビには向きませんかね」と言ったので、「そんなことないですよ」とすぐに打ち消したが、和服姿の勉さんの後姿を見つめていたら、なぜかぼくは、自分のからだから活力が抜けていくような気になり、なんとも寂しかった。

No.12　女優・木暮実千代さん

遊びにきた長男の大《ひろし》とその妻・裕子が、ぼくに訊いた。

「以前、木暮実千代さんは、お父（＝義父・ぼく）さんの大学の先輩だとお聞きしたことがありますが」というから、ぼくは、こう答えた。

「……確か、木暮さんは、ぼくとひとまわり違う一九一八年の午年で、日大芸術学部の大先輩だよ……そう、黒沢明映画監督も、世界的建築家の丹下健三さんも一時期在校生だったそうだ、ときいているよ。ぼくが木暮実千代さんを、東京12チャンネル（＝テレビ東京の前身）の制作・月～金ベルトのワイドショー番組の『奥さん！　2時です』の総合司会者として起用する前に、テレ朝のドラマ『女の四季』の主演と『人に歴史あり』のメイン・ゲストの出演を加えると三度目の出演になるね」大がさらに、ぼくに訊いた。

「木暮さんは、自分の出演した映画について、どんな感想を持たれていましたか？」

「おい、大君、いま、ぼくは映画誌の取材記者から質問を受けているみたいな気分だよ」

「紋切り型の質問で、済みません」そういって、大が苦笑した。

ぼくは、古い記憶を辿っていた……突然、木暮さんの色っぽい顎の黒子《ほくろ》が動き、甘く鼻にぬける鼻母音がぼくのこころを揺すった。声は木暮さんに替わっていた。

「若さん、わたくし、『青い山脈』（一九四九年出演）と『雪夫人絵図』（一九五〇年出演）の二本の映画が好きよ」と木暮さんから直に聞いたことを想いだした。前者は今井正監督の映画作品で、後者は溝口健二監督の映画作品である。

一九五〇年、舟橋聖一原作『雪夫人絵図』の映画に木暮さんを主役に抜擢した溝口健二監督は、共演する上原謙、久我美子、柳永二郎たちをからませて、ぞくぞくするくらい濃艶な色気を木暮さんから引き出していた。ことさら、ぼくの瞼に焼きついているシーンは、木暮さんが柳永二郎と二人ではいる入浴シーンもさることながら……和服姿の木暮さんの裾捌きと五枚コハゼの白足袋のアップが、廊下を行き来する映像が、女体の動く雪肌を連想させたりして、ぼくは性を象徴する極上の映像におもえたし、いまなお、ぼくの記憶にはっきりと焼きついている。そして木暮さんは、同年に『帰郷』、五二年には『お茶漬けの味』、五三年にも『千羽鶴』の映画で好演していた。

一九五六年の溝口健二監督の『赤線地帯』では、木暮実千代、若尾文子、三益愛子、町田博子、京マチ子たちと共演し、スクリーンに女の色気をむんむんと発散させていた。

当時のぼくは、大映多摩川撮影所の撮影部特殊撮影課で働いていたから、巨匠溝口健二監督の『赤線地帯』の撮影などは、その現場（スタジオ内）をときどき覗きにいったりしたものだ。

妖艶なヴァンプ（＝男を惑わす女）女優として有名な映画女優の木暮さんを、テレビ東京の午後帯の奥様ワイドショーに器用する際、チーフ・プロデューサーのぼくは、少しも躊躇しなかった。その理由は、つとにボランティア活動家として知られていた木暮さんは、根っからの世話焼きで、しかも良妻賢母でもあり、そのうえ、東京都民生委員や東京都児童委員も兼ねていると、人伝にきいていたからでもある。

木暮実千代さんが、『奥さん！　2時です』の総合司会者として、好調に滑りだした。ほどなく金曜日の本番終了直後に、「若さん、うちのお手伝いさんの（K子）が、この番組の助手の（H君）と、二人してどこかへ蒸発してしまったらしいのよ」と困惑した表情で、ぼくに訴えた。「それは、さぞお困りでしょう。調べて、すぐにご返事します」とぼくはその場を去った。調査した結果、（H君）は、すでに同棲をはじめていて、結婚の報告に実家へ帰省しているという事実が判明した。翌週の日曜日に突然、H君とK子さんが、ぼくの自宅に現れ、「本籍地で婚姻届けを提出してきました」とH君が、か細い声でいった。なぜか、ぼくは聞き役に徹し、説教じみたことをいう元気さえなくしていた。

「二人が幸せになってくれさえすれば、それでいいよ」とぼくはいった。

ぼくは逃げ腰の自分に気づいた。

思い起こせば、木暮さんが、われわれ二十名もの全スタッフを自宅に招いてくれて、五卓での麻雀大会を催してくれた際に、H君はK子さんに一目ぼれして、同棲から結婚へとにわかに発展したのだろう、とぼくは推断した。

「これから木暮さんの自宅へご報告に行きます。どうか、若井田さんも、ご同行をお願いします」と頭を下げられたので、ぼくは「掠奪結婚といえなくもないのだから、ひたすら謝罪に徹するなら、同行してもいい」とゆっくりと諭してから、重い腰をあげた。

ぼくたち三人は、木暮さんの田園調布の邸宅でお会いすることができたが、木暮さんは小言一ついわず、ただ「おめでとう、お二人さん」といい、交互に新郎新婦の顔を見て涙を流した。その涙は、里親の涙とも児童委員の温情の涙にもとれて、ぼくもおもわず、もらい泣きをした。そう、木暮さんは、松竹大船の映画を皮切りに、ヴァンプ役や有閑マダム役で名声を高め、顎の黒子が色っぽくて、人気をとりつづけた。一方、ボランティア活動では、ついに法務大臣認定の無給保護司にもなっていた。松竹大船で親友だった高峰三枝子さんの息子さんが覚醒剤所持で検挙されると、保護司の木暮さんが、指導監督し、立派に更生させたことは、つとに知られているし、ぼくの胸にも深く刻まれている。

No.13　俳優・伊藤雄之助さん

今は昔、撮影所のスタジオ内や舞台稽古場などで、ごねてばかりいた伊藤雄之助さんを、ぼくは知らない。ぼくの前に現れたときは、すでに圭角《けいかく》がとれた純朴な伊藤雄之助さんであった。雄さんは歌舞伎の子役から沢村雄之助として舞台に立ち、その後、東宝の劇団入りしてからフリーになるや、銀幕で個性派俳優として活躍するようになった。

ぼくが雄さんと遭遇したのは、テレ朝の開局後、ほどなく放送した『署長日記』（生放送30分連続ドラマで、脚本・岡田光治、演出ＣＰの北代博、ＡＤ・若井田久、出演・伊藤雄之助、田中邦衛、中村俊一、桑山正一、安芸秀子ほか多数）のスタジオ内を駆けずり回っていたころで、同番組のワンクール（十三回）を無事に済ませ、残りのワンクールでは、ぼくがディレクターへ昇格させてもらった。

すると、雄さんがググッとぼくに近づいてきた感触を覚えた。雄さんは、内心を打ち明けるように、「おれは大根役者だと心底からおもっている。それなのに、だれも信じてくれないのだよ……とことん稽古をして、台詞と動きをからだに焼き付けないと、新劇出身の役者さんたちには、太刀打ちできないのだよ。若さん」としばしばぼくの耳元で呟くのだった。だから、ぼくは雄さんをドラマに出演してもらうときには、本読みや立ち稽古でトコトンしごきぬくことにしたのだった。

テレビ朝日のポーラ名作劇場で水上勉原作、脚本・茂木草助『西陣の蝶』（共同演出・伊藤雄之助、若井田久、出演・音羽信子、松村達雄ほか多数）では、雄さんが暴走しないように見張りつつ、雄さんの演出プランの甘さを注意したりした。雄さんは口にこそ出さなかったが、テレビの生放送の演出はもうコリゴリだ、という表情をしていた。当然、サブの演出席にはぼくが座り、カメラマンたちや音響効果マンや照明さんたちへの指示は、ぼくがやり、雄さんは小さくなって、ぼくの側に座っていた。

ぼくは、立ち稽古での光景をすぐに想いだした……「若さん、私は」というから「雄さん、大根役者とおもっている。だから、ぼくが、トコトンしごいて、あげますよ」と誓い、ぼくは小さいミスも咎めて看過しなかった。ぼくは演出の鬼になっていた。それを見ていた妻役の伊藤幸子（＝俳優座所属）が、ぼくに食って掛かった。「雄さんばかり、贔屓にして。私にも、もっといっぱいダメだししてください」とぼくに詰め寄ってきたのだ。ぼくは、ぼくの得心がいくまで二人の立ち稽古をつづけた。雄さんも幸子さんも、トコトンぼくの演出についてきたし、二人とも弱音を吐くことなどはなかった。

そう、こんなことがあった。NHKのドラマのディレクターの和田勉さんと、ぼくとが伊藤雄之助さんの取り合いになり、ぼくは和田勉さんの稽古場まで出向いて行き、「和田勉さん、三時間、雄さんをお借りします」と雄さんの手首をつかんで局車に乗せて拉致した。テレ朝の稽古場で雄さんをしごいていると、三時間などすぐに過ぎてしまい、今度は和田勉さんがぼくの稽古場にずかずかと入ってきて、「若井田さん、雄さんをお借りします」とガラガラ声でいうから、「二時間にしてください」とぼくが返事をすると、「いや、若井田さん、三時間です」といい残して、強引に雄さんを連れ去って行った。お互いに我を張って譲らない、なんとも微笑ましい光景におもえるが、当時はお互いに真剣だったのである。

一九六二年十二月二十六日のテレ朝の番組『短い短い物語』では、ぼくの茶目っ気が生んだドラマがあった。ぼくは日頃から、雄さんの長い立派な顔をアップ・サイズでパン・ダウンしたいという魂胆があったから、しだいにシーンがストーリーに膨らみ、ついに物語へと発展したのだった。その内容はこうだ……ある日、男は銭湯の浴槽で子供らと素潜りの競争をしていて最長の記録をつくった。その後、何日経っても男の記録を破る者が現れないから、その男は町内の英雄に押し上げられていく、という悲喜劇をぼくが考え、その肉付けを脚本家の岡田光治君に依頼したのだった。

ＥＮＧ（エレクトリック・ニュース・ギャザリング）のロケ当日は、テレ朝に近い銭湯の『松の湯』を、午前八時から午後二時まで借り切って、浴槽で素潜りの記録保持者役の名優・雄さんが、湯の中で息が苦しくなって飛び出す長い馬顔を、三種類（ビッグ・クローズ、アップ、バスト）を撮り終えるまで、ダメだしをいくども繰り返し、ＯＫを出した。息苦しく、ついにこらえきれずに雄さんの馬顔が、飛び出す瞬間を、ぼくは笑いをこらえていたが、ついに笑いが爆発して腹を抱えて笑い転げてしまった。「若さんひどいよ、ヒドイよ」と文句をいいながら、雄さんが追いかけてくるから、ぼくは脱衣場や洗い場まで逃げ回った。富士山の壁画の横の細い板戸が開き、「何事か」と覗いた松の湯の主人のキョトンとした顔をいまでも覚えている。

翌日、社内の立ち稽古も終了した正午、ぼくはいきなり雄さんから手首を鷲掴みにされ、引っ張って行かれた。六本木の表通りから奥まった仕舞屋《しもたや》風の家の前で、呼び鈴を押し、玄関内に入るや、「お父さん、雄之助です」と告げると、左の部屋から「どうぞ」と男性の声だけ聞こえた。右手の廊下の奥には、長身の美人モデル風の女性が立っていて、「雄さん、ご無沙汰だわね?」と色っぽい声で、雄さんの首に抱きつき、豊満な女体から発散するホルモンと香水の匂いとが、「あんた、邪魔よ」といわんばかりの強い視線に、ぼくは門外に押しだされた。これが、ぼくの銭湯での爆笑への、雄さんのしっぺ返しだったのか?……

No.14　詩人・金子光晴さん

詩人・金子光晴は、早大、慶大、東京美術学校いずれも中退をしているし、四回も離婚歴のある変わった人である。
いま、ぼくが手にしているのは、金子光晴さんの肉筆原稿だ。

――十年つれ添ふ友人夫婦をことほいで――

柱も、たたみもつやつやと拭きあげて
夜も、昼も、いつも対ひあって、
彼と彼女とは、座ってゐる。
彼と彼女のあひだにはちゃぶ台。

ちゃぶ台のうへには、箸と茶碗と、
皿には二尾づつ、死んだ小魚がのっている。
男の喉仏があがったり、さがったり
こなれのわるい人生をのみこむ稽古だ
女は、もうしぼみかけてやうで
おしろいや紅をつけるのも忘れてゐる。
偕老同穴を契ったこの一組は、
つれ添って、すでに十年たつ。
十年といふ年月はながいようだが、
十年といふ年月は決して
短いとはいえぬ。そのあいだに
支那では、四つの王朝が起こり
次々に亡んだためしもある。

この詩は、『人に歴史あり』という番組（副部長兼ディレクター・若井田久）のメイン・

ゲストに金子光晴さんにご登場していただいたときのものである。

番組収録の数日前に、「詩を挿入したいので、いくつか詩をおもちください」とあらかじめ、お願いしてあったが、そのうちの一つである。

そう、想いだした。確か性的感情のきわめて強い詩があったが、これは放送になじまないと告げて、お持ち帰りしてもらった詩がいくつかあった？ ……歓談でなにかの弾みだったか、「若井田さん、百篇の詩よりも、行きずりの女との一夜の契りのほうを私は選びますね」と艶っぽくいった和服姿の金子光晴（当時七十五歳）さんの言葉がぼくの耳にこびりついている。

この金子さんの言葉は、ぼくの愚問に答えてくれたような気がするが、愚問そのものは想いだせないから、残念でならない。

金子さんは魅惑的な人で、森三千代さんと三回結婚して、二回離婚している。加えて大川内令子さんと二回結婚して二回離婚している人でもある。

話し合っていると、女が、妻が可愛くて仕方のない感情が伝わってくるし、男の情念の純粋さが、会話の端々に籠もってもいた。

いま、ぼくの耳元で金子さんの不満ともとれる声が、はっきりと聞こえてくる。

「若井田さん、ちょっぴり助平な詩のほうが、私は好きだね。テレビってなんとも窮屈な世界なのだね……若井田さん、このていどは許してもらわないとね」

と金子さんは、いきなり手持ちの用紙になぐり書きをした。

　裸にするなりふるえが止まらない少女が
　大皿に盛り切れない御馳走のようにおもわれて?……

と書かれてあった。

昔、金子さんは莫大な遺産を使い果たした。それは東南アジアから欧州まで放浪の旅をつづけたためなのだが、その体験を詩作に生かしていたのであった。

戦後は抵抗詩人として高い評価を受けたし、それにとどまらず、最晩年にはエロ爺さんとして若者たちに慕われて、マスコミの人気者にもなっている。

ぼくはメイン・ゲストに金子光晴さんの出演交渉のときから、金子さんの飄々とした人柄に惹かれていたようにおもう。

『こがね蟲』、『鮫』、『蛾』などの詩作で、戦争批判の活動を継続的に行った。

また自伝小説『どくろ杯』なども遺している。金子さんは、女と文学に頑張りぬいて、八十一歳で他界した。たしか、自然死で、無戒名だった、とぼくは聞いている。

No.15　ＮＨＫ会長・川口幹夫さん

文化座五十周年パーティーであったとおもうが、ビールやワインを片手にした人たちの群れをすりぬけると、その先にはＮＨＫ川口会長の微笑があった。

「若井田さん、『絵物語　おしゃかさま』を贈呈していただき、ありがとう。お子さんにもわかるように易しく書いてあるのが、大変によかったですね。それに全文にルビをふったのも、いいですね。そう、うちでも番組の外部制作をどしどしやりますから、遠慮なく企画書を持ってきたらどうですか」と川口会長から勧められた。

一九八〇年、ぼくが映像制作会社のワカイダ・プロダクションを六本木近くの竜土町に設立してほどなく、友人の勧めで日本国際児童図書評議会（ＪＢＢＹ）に入会したところ、いきなり企画委員に推されてしまい、やむなくぼくは、承諾したのだった。それを潮に児童文学が、一気に身近に感じるようになったから不思議でならない。

ほどなく、まど・みちおさんがアンデルセン賞を受賞したことを、JBBYは設立以来の快挙として讃えた。そこでぼくは、すぐに『まど・みちお　アンデルセン賞への道』という題名の企画書を作成し、すぐにNHK会長の川口幹夫さんとアポをとり、渋谷区神南のNHK本館の会長執務室で、持参した企画書の説明に入った。

川口さんは制作現場を熟知したプロデューサーの経験が豊富な会長でもあるので、ぼくは期待と喜びでわくわくしながら、何とか無事に企画内容の説明を終えることができた。

長い沈黙があった。（不採用かもしれない？）とぼくはハラハラしていた。

「ポエムの映像化ですか？　やって、やれないこともないですか……やりましょう。ただし視聴率にとらわれず、良いものをつくってくださいね。若井田さんを信用していますよ。この企画書はすぐに現場に回しておきましょう」と会長はいってくれた。

そもそものはじまりは、『ぞうさん』の作詩で有名な、まど・みちおさんの多くの詩を美智子皇后（現上皇后）さまが英訳され、日本語との対訳本を出版されたことがあり、JBBYの推薦があったとはいえ、他国の優秀な作品と最後まで競い合い、評価が割れ、遂に議長採決にまでなって、辛うじて、まどさんが、アンデルセン賞に輝いたという経緯があった。ぼくは、美智子皇后さまがご自身のお声で、まどさんの詩の日本語読みと英語読みをした録音テープを拝聴したときは、あまりにも美しい日本語と流暢な英語読みに深い感動を覚え、何度も聴き返したのだった。

はやくも、ぼくの会社のスタッフたちは、アンデルセン賞の授与式の海外ロケを終え、まどさんの自宅の居間に三台のカメラを据え、専属の女性編集員を進行役として、対談形式で、まどさんの生い立ちや、台湾時代の生活や、軍隊生活にまでも触れ、なお西条八十先生に認められるまでの人生遍歴と結婚するまでの話を録画し、終えた。さらには山口県にある、まどさんの子供のころの遊び場だった滝壺やら、実家近くの光景などもカメラで撮り終えた。さて？　……数多くの詩や語りを誰に依頼したらよいか、とぼくが悩んでいたら、突然、ぼくの耳にムーミンの声が飛び込んできた。で、すぐに岸田今日子さん宅へ電話を入れた。日程のやりくりが？　むずかしいのか、無言の間がとても長く感じられた。

けれども、運よく明るい声で、快諾の返事がきた。

「台本は早めにくださいい。お稽古したいので」と念押しをされたから、ぼくは早々に録音日を決め、スタジオに現れた岸田さんとは、お互いに初対面の挨拶も短く終えると、すぐに岸田さんは、「マイク・テストをお願いします」といいながら、ブース入りした。

「若井田さん、語りから先にお願いします。いくつかのポエムの朗読は後回しにしてください」といった。ぼくは、岸田さんに熱い意気込みを感じた。岸田さんは自らダメ出しを繰り返し、決して妥協などしなかった。

日を改めて録音したボーカルグループのデューク・エイセスの歌う『ぞうさん』や『やぎさんゆうびん』などを随所に効果的にインサートして、明るく愉しく、まどさんの人生を歌い上げることができたから、感動に満ちた明るい番組になった、とおもう。

ワカイダ・プロの企画制作の番組名は、NHKの担当Pと打合せて題名は『まど・みちおの宇宙をみつめて』に決まり、一九九四年十一月三日（文化の日）の午前九時にNHKから全国放送された。午前の放送だったが、驚くほど多くの視聴者から電話や手紙での反響が寄せられ、モニターの報告も近年にない好評であった、とぼくは知らされた。

ほどなく、JBBY二十周年記念のパーティーが、青山学院大学内の会館内で催され、企画委員としてぼくも出席した。取材もぼくの会社の独占だったから、わが社のカメラ・クルーの入場が許可された。二百人ほどの人いきれの中、和服姿の美智子皇后のご臨席を賜り、ほどなくJBBYの会長からぼくは、美智子皇后さまをご紹介され、「放送された作品は、たいへん結構でございました」とのお言葉を頂き、ぼくは「ありがとうございます」とご返事した。会場内ではJBBYの役員・島多代さんが、二十周年行事を同時進行させていた。が、それも終了し、アンデルセン賞受賞者のまどさんが紹介されて壇上の挨拶が済むと、つぎに美智子皇后さまが登壇され、まどさんの『リンゴ』の詩を日本語朗読後に英訳詩の朗読をされた。美智子皇后の美しい日本語と流麗な英語は、場内を埋め尽くす人々に拍手とどよめきをもたらし、ぼくも、身に余る光栄に浴していた。

No.16 映画監督・大島渚さんと田村孟さん

一九五九年、大島渚さんは京都大学法学部を卒業後、松竹大船に助監督として入社し、同年に第一作の映画『愛と希望の街』を監督した。翌六〇年には『青春残酷物語』、『太陽の墓場』がヒットして、松竹ヌーベルバーグのリーダーとして推挙された。

ところが、その後、監督した政治映画『日本の夜と霧』の上映を松竹が中止したことに抗議した大島監督は、退社して独立プロ『創造社』を設立したのだ。やがて創造社のマネージャーの大島瑛子（渚さんの実妹）が頻繁にテレビ朝日のぼくのデスクにまで、同志（小山明子、田村孟、渡辺文雄、大坂志郎、戸浦六宏、柳生博など）の売り込みにくるようになった。そもそも、ぼくが大島渚監督のファンになったきっかけは、映画『青春残酷物語』を観たときからだから、随分と古い。当時、テレビ・ドラマの配役を決める際、ぼくの頭の中では、いの一番に創造社の面々をおもいうかべる習慣がついてしまったほど大島監督の生きざまにほれ込み、エールをおくりつづけたものだ。

一九六四年、ぼくが財団テレビ局（＝テレビ東京の前身）へ移籍してからすぐに、十三回連続医学ドラマの『女医』（小山明子、市原悦子、原知佐子の三女優の主役持ち回り）で、フリーの真船禎二君とぼくとが隔週交代の演出を担当した。ぼくは小山明子の回で、大島渚監督に台本「或る憎しみ」を書いてもらい、本読みと立ち稽古に入る折には「若さん、演出の鬼ときいていますが、小山をお手柔らかに、ね」と念を押されたので、ぼくは渚さんが愛妻家なのだと、そのときそうおもったものだ。ほどなく、単発三十分ドラマ『仰げば尊し』（脚本・演出・大島渚、CP若井田久、出演・渡辺文雄、戸浦六宏、立川談志）を担当したが、ぼくは大島監督の無理強いには、ほとほと困り抜いた。

当時、財団テレビ局は赤字経営で、新規の2インチのビデオ・テープの購入資金もないありさまだったから、カット編集は三個所までという厳しい規則があったのだ。だがしかし、ぼくが何度その規則を説明しても、大島監督は自分のエゴを貫き、十五カット以上もの編集を強引にやったから、ぼくとの口論が絶えず、二人の意地の張り合いがつづき、ぼくは大島渚さんに呆れかえったことがある。そうはいっても、ぼくは創造社に肩入れするのを断念することはなかった。

その後、テレビ東京の『世界の主役』という海外取材番組で、カラヤンやイヴ・モンタンを取材するために、ぼくがパリに滞在していた際、凱旋門を望む左手のシャンゼリゼ通りの中ほどに日本航空のパリ支店があるが、そこで打合せを済ませたぼくらカメラ・クルーが、何気なく裏通りに入ったら、映画館を見つけた。近づいてみると、運よく上映中の映画が、大島渚監督の阿部定事件を題材にした、ノーカット版のハード・コア・ポルノ映画の『愛のコリーダ』であった。ぼくたちは、すぐに料金の支払いを済ませ、入館して席につき、ぐるりと見まわすと、フランス人の若いアベックたちで埋め尽くされていた。

……いま、スクリーンに映し出されている映像は、二階建ての待合茶屋の格子窓から屋外の通りが見下ろせて、多数の日の丸の小旗がはためく街路を、隊列を組んだ陸軍兵の行進が途切れなくつづいている。二階の座敷では男優（＝日本人）の勃起した立派な陰茎が、日本人女優の大きく割れた恥列へ挿入されるクローズアップが映し出されたから、観客席から一斉に「ホオー」「ウオー」とどよめきが、館内の壁を揺るがすほどだった。

いま、二階での男女のセックスと行進する陸軍兵の隊列とが、ワン・カットの画面に同時に映りだされているこのシーンは、昭和初期の軍国主義を観客に印象づけてやまない、映画界の鬼才・大島渚監督の真骨頂だ、とぼくは唸った。二百余年前の一七六五年、多色刷りの清信、歌麿、北斎、などの作品が、フランスの美術界へ殴り込みをかけたように、大島渚監督はたった一人でフランス映画界に殴り込み中なのであった。ぼくは大島監督の生きざまにまたもや酔わされた。

一九六五年、財団テレビ（＝テレ東の前身）は、従業員二百名解雇の噂のある最中で、役員会は全員一致で昭和四十年度の芸術祭参加のテレビ・ドラマ部門の演出担当者にぼく（＝副部長）を推挙した。だからすぐにぼくは、創造社所属の田村孟君を芸術祭の脚本家として決め、彼を信濃町の文学座近くの旅館に缶詰めにした。

「この宿で、ぼくらは、五日間でシノプシスを完成しなければなりません。孟さん、今日、この時代に、テレビ・ドラマの芸術祭にふさわしいテーマは？」とぼくが切り出すと、孟さんは口を閉じてしまった。「一流の脚本家が、この世に訴えるテーマがないか」とぼくが小声で刺激したら、孟さんは激しく食い下がってきた。その後、二人の侃侃諤諤《かんかんがくがく》の議論がつづき、ぼくたちは喧嘩別れのような気分で初日を終えた。二日目、三日目も進展はなく、四日目になってやっと、社会福祉主事はどう生きるべきかというテーマが決まり、「若さん、題名は、『東京のキリスト』にしてよ」と孟さんがいうから、ぼくは賛成した。座卓上には、脱稿したシノプシス（梗概）が置いてあった。同日の午後、ぼくが財団テレビ局に出社したら、「赤字経営の再建のために、芸術祭不参加」が役員会で決定された、と部長から聞き、ぼくはショックを受けた。だが、すぐにぼくは局内を奔走したすえ、やっと田村孟君へ薄謝（＝キャンセル料）を手渡すことができた。とはいえ、当時のショックの傷は深く、いまでもぼくのこころに刺青のように染み込んでいて、消えていない。

No.17　映画監督・今村昌平さん

東京12チャンネル（＝テレビ東京）の喫茶室の片隅で、カーキ色のサファリ・ジャケットを着た色白で旦那風の男が、手のひらサイズのソロバンをパチパチと弾いている。電卓など使用しないのが、今村昌平さんらしい。それは目下、映画製作中で資金繰りが苦しい、と今村プロダクション経営の窮状を、巨匠自身が訴えている光景とみていい。つまり、見え見えの田舎芝居を監督自身が演じているさまが、なんとも可笑しくてならない。

一九七一年、今村昌平監督は『未帰還兵を追って』というドキュメンタリー映画（ジャングルの奥地に分け入って、今村監督自身が元日本兵にインタビューをしている）を製作した。これを金曜スペシャルという番組で放送したいと、同局の編成部からの強い要請で、チーフ・プロデューサーのぼくに担当してほしい、との強い要請があった。

「今村さん、担当する若井田です」とぼくが名刺を差し出すと、今村監督も名刺をくれて、ぶつぶつと何事かを呟いてソロバンを振ると、ショルダーバッグにしまった。今村さんの顔に悲愴感などはまったくない。それでぼくは、ほっとして向き合って座ると、いきなり今村さんが喋りだした。

「江戸時代の映画『ええじゃないか』は、庶民の大衆運動なのですよ、若井田さん、日本橋のセットを組んで、江戸時代のエネルギーを映画にしたいのですよ」

などと自作の話を、照れ隠しの意味もあってか、訊きもしないのに昌平さんは淀みなく、小一時間ほど喋りつづけた。

もしかしてこのとき、江戸庶民の女たちが、列を作って着物の裾まくりをして、尻丸出しで一斉に放尿するという圧巻のシーンをおもいついたのかもしれない……そう、ぼくは想像したものだ。数日後、今村昌平映画監督と再びお会いすることとなり、ぼくは近くの機械振興会館のレストランでブランチを摂りながら、具体的な放送条件を伺うことにした。今村さんは、後輩の浦山桐郎監督を同行させていた。「証人としてなのか、それとも局との交渉事はこうやるものだよ、と後輩に指南するつもりなのか、おそらく両方の意味合いなのだろう」とぼくはおもった。痩身の浦山桐郎監督は、ひどく疲れ気味の顔をしていた。三人が食事を済ませると、今村監督は背筋を伸ばし、口火を切った。

「正直にいいます。フィルムに何度ハサミをいれても、二時間枠でないと収まらないのです。放送時にマレー編、タイ編と分けてくれませんか、若井田さん」

（一時間の金曜スペシャルを、二回に分けての放送となれば、予算も二倍になる）

「もう一コマも落とせません」といい、頭を下げた。そして、昌平さんはショルダーバッグから、例の小型ソロバンをテーブルの上に置き、パチパチと弾いていたが、それもやめて、また頭を下げたままでいる。ぼくは、これほど困惑したことはない。一時間枠の金曜スペシャルを前後編に分けて二週にわたって放送してほしい、といっているのだ。そうなれば製作費は二倍の支払いになるし、この間接話法に、ぼくはうちのめされたのである。そうはいっても、ぼくも活動屋の端くれだから、何とかしてやりたい気持ちになった。編成部もぼくの説得を呑んでくれて今村監督の希望通り、前後編の二週に分けて、『金曜スペシャル』という番組で放送することとなった。

「若井田部長、タイトルはどうしますか？」と番組担当の鈴木君が、ぼくに訊くから、「君の名前も入れてもいいよ」とぼくとの連名のつもりで、そう答えたのだが、試写の際、ぼくはびっくりした。鈴木君の単名だったからだ。だがしかし、ぼくは異を唱えずに見過ごした。鈴木君は放送用に、ただフィルムを編集したに過ぎない。ぼくは残念無念とおもったが、念を押さなかったぼくにも非がなくはないし、今村プロにフィルム・タイトルの撮り直しを依頼し、さらに出費を押しつけることはできない、と考えたからだ。

時が流れ、季節も移ろい、金曜スペシャル番組『未帰還兵・前後編』の放送がテレビ大賞受賞に輝いたことは予期せぬ出来事で、この時、ぼくは今村昌平監督が直にくれたご苦労賞におもえた。それまでに、ぼくはすでに番組『未知への挑戦』や『人に歴史あり』の放送で受賞歴があるが、この今村昌平監督のドキュメンタリー映画のチーフ・プロデューサーとしてテレビ大賞を受賞することとなって、歓喜のあまり、ぼくの目頭が熱くなったことを忘れてはいない。そうそう、ぼくが五十歳でテレビ東京を依願退社してから、ほどなく今村監督の映画専門学校の講師をいくどか務めたことがある。

そんなある日、理事長室でぼくは直に訊いてみた。「監督にとって、映画の原点とは何ですか」、「……そうね、一言でいえば柳田国男の民俗学といってもいいね。父親が読書家でね、家には柳田全集があったから、手当たり次第に読んだものだよ」と答えてくれた。

今村昌平監督はカンヌ映画祭で、『楢山節考』と『うなぎ』の映画作品で、パルムドール（最高賞）を二度受賞に輝いているが、ほかにも『人間蒸発』、『神々の深き欲望』、『復讐するは我にあり』、『黒い雨』などの多くの話題作の映画を製作している、日本を代表する映画監督の一人でもある。

二〇〇〇年の晩夏、「若井田さん、これ温めて飲むワインだよ」とぼくに理事長室で手渡してくれた。いまは二〇二二年の盛夏（え、えッ！　あれから、ずいぶん年月が経ってしまっているが、ワインの中身は大丈夫なのだろうか？）。

No.18　作曲家・古賀政男さん

父は、赤坂御所近くの青山南町二丁目で宮内庁御用達の古口ハイヤー会社の共同経営者（父の実姉の夫が古口国平さん）だった。向かって右の車庫には、フォード、ビッグ、リンカーン、キャデラックなどの外車が四台納まっていたし、左手の車庫には、シボレーほか二台の外車と狭い事務所があった。二階の右手は運転手の詰め所で、左手の二階は古口家の居住として使用されていた。

ぼくの自宅は、そのハイヤー会社の裏手の借家の一軒家だったが、ぼくはいくらか恵まれた環境で育てられたようだ。自宅にはピアノこそなかったが、囲碁や将棋、トランプ、花札、コリント・ゲーム、ラジオ、ギター、隼や飛燕の模型飛行機、手動蓄音機、レコード盤各種（流行歌、浪曲、落語など）、漱石、鷗外ほか大衆小説、落語全集、剣豪らの講談本なども揃っていた。父は実直な仕事人というよりも、子煩悩なほうで、虎ノ門の金毘羅参りや、年子の兄やぼくや妹や母ともども、一家揃って三越や高島屋本店巡りなどを週一ぐらいの頻度で外出を楽しむ人でもあった。ぼくら年子の三人は、代わる代わる、いくども広い店内で迷子になり、週がかわり、月がかわるたびに店内に迷子放送が流れ、くり返し、店内で名前や特徴をアナウンスされたりもした。今でも、とき折り想いだして、失笑したりすることがある。

昔の父のセピア色の古い写真をみると、麻の背広姿にパナマのカンカン帽をかぶり、ステッキを持って粋がっている。ずいぶんと流行に敏感だった男性のようだ。

当時、幼いぼくの目には、赤ん坊のお尻もどきの、へんてこな恰好のものを父が抱えて、ピックという爪のようなものを動かして弦を弾いたことがあった。父の下手糞な『影を慕いて』の弾き語りがはじまったのだった。

そのときに、ぼくははじめて、「これはマンドリンという楽器なのだよ」と父から聞かされたのだった。当時の父は、明大のラクビーの熱烈なファンで、ボールを抱えた選手姿の父の写真を数枚、ぼくは観たこともある。

ぼくが生まれる七年前、一九二三年に古賀政男さんたちは、マンドリン倶楽部を創設していて、マンドリンオーケストラは、クラシックから童謡までの演奏をこなし、大正、昭和、平成、令和の時代に定期演奏会をつづけてきてもいるのだった。

一九二五年、二十一歳の明大生の古賀さんが、作詞・作曲した『影を慕いて』を録音した日本初のレコード歌手・佐藤千夜子の歌がヒットした。それを皮切りに古賀さんは、『酒は涙か溜息か』、『人生の並木道』、そして『柔』など、五千余りの歌を作曲した。反面、実父の死、兄弟との確執、妻との反目、離婚、その後、結核に倒れて療養生活など多くの辛苦をしのぎ、波乱に富んだ人生を送ったのだった。

ぼくが古いアルバムを見ていると、遊びにきたぼくの長女の史《ふみ》から、「『人に歴史あり』の収録時、スタジオ内での古賀さんの容子《ようす》はどうでした？」と聞かれたが、「劇的なご対面の相手の氏名さえ想いだせないのだよ」と正直に答えるしかなかった。ぼくの記憶がすっぽりと抜け落ちてしまっているからだった。

そうはいっても、東京12チャンネル（＝テレ東）の収録スタジオ内のフロアーに設置してある大型テレビ画面を注視していたＣＰのぼくは、古賀政男さんの頬に流れる大粒の涙を見て、ぼくまでが、もらい泣きしてしまい、番組の成功を確信する満足感が、今でもぼくの胸に残っているのは確かである。

往時、番組の打合せに、ぼくが訪れた古賀政男さんの代々木の大邸宅は、今はない。そして、そこに日本音楽著作権協会が移転してからも久しい。ぼくも同協会の会員だから、ときどき催し物が、けやきホールで開催されたりするから、いくどか出向いたものだ。だがしかし、そんな折に早めに協会へ行って、『古賀政男博物館』を訪れてみれば、さまざまな展示品に刺激されて、『人に歴史あり』の番組の収録時の古賀さんの言葉や仕草や劇的ご対面の人物が、誰と誰であったかなど、ぼくの頭脳に蘇ってくるかも知れない。そうおもいつつも、実行に移すことなく、日も年も過ぎてゆくばかりなのだ……。

『人に歴史あり』の番組のVTR収録後のスタジオから、メイン・ゲスト専用の個室として臨時に使用していた、玄関脇の応接室に戻ってきた古賀さんは、ぼくに向かっていった。「君たちが、泣かせるのだもん」といい、子供のように愚痴って、またもや大粒の涙を流して、しばらくの間、すすり泣きをつづけた。巨体の背中を撫でたりして、その周りで小まめに古賀さんの世話を焼いていた男性は、作曲家の山本丈晴さんだったのが薄《うっす》ら記憶にのこっている。

昭和の歌謡界で、作詞・作曲家として第一人者の地位を占めつつ、日本作曲家協会会長を長年に亘って務めていた古賀さんは、晩年には大正琴の普及にも熱心であった。

古賀政男さんの享年は、七十四歳だった。

一九七八年、泣き虫の国民的作曲家の古賀政男さんが、国民栄誉賞を死後に追贈された。ということは、つまり他界後の受賞でしかない。もしも存命中の受賞であったら、古賀政男さんは、さぞかし涙滂沱《なみだぼうだ》であっただろうと、想えてならない。

ぼくは、そんな嬉し涙にぬれた古賀政男さんの顔が見たかった。

No.19　作家・有吉佐和子さん

一九六六年、まずぼくは、テレビ朝日の大垣三郎部長（ぼくの仲人）と北代博課長（ぼくの映像の師匠）が組んだテレビ・ドラマ番組『氷点』（原作・三浦綾子）で視聴率40％超を獲得したという快挙を讃えたい。これが恐らく、スタジオ・ドラマの最高視聴率になるだろう。その後、ほどなくこの種のスタジオ・ドラマはテレビ史から消えてしまうことになるから、ぼくの感慨も一入《ひとしお》であった。

翌一九六七年初秋の午後、小説家兼劇作家でしかも演出家でもある有吉佐和子さんの話に移るが、副部長兼チーフ・プロデューサーのぼくは演出助手の植村君と、有楽町の芸術座内の右手の扉から静かに入り、中ほどの客席に座った。

舞台上ではすでに稽古がはじまっていて、場内の空気は張り詰めていた。針を刺せばぼくは吹き飛ばされるだろうと、瞬時にそうおもった。公演の初日が二日後に迫っていたから、大道具や小道具の出し入れや、暗転のきっかけなどの確認がはじまり、演出家・有吉佐和子さんの厳しい指示が、つぎつぎと飛びはじめた。舞台のかぶりつきの一階の座席中央にデスクを持ち込み、机上には電気スタンドと台本が置かれ、にわか作りの演出席で、有吉さんは気ぜわしく立ち上がったり座ったりを繰り返し、しばしば舞台上へ駆けあがるのをいくども繰り返していた。男勝りの即断即決の指示が、ぼくには何とも心地よく感じられた。

いまにしておもえば、ぼくよりも一つ年下の三十六歳の有吉さんには、すでに近寄りがたい風格を感じたのを覚えている。書斎で原稿に向かい、ペンを走らせている孤独な作業がおおかたの小説家の日課なのだろうが、有吉さんは小説家、劇作家、演出家として売れていたから、舞台芸術家としてのときめきも一入なのだろう。いま手許にあるテレビ中継番組の台本をみると、東京12チャンネル（＝テレビ東京）制作、文部省第二十二回芸術祭主催公演『華岡青洲の妻』（作・演出・有吉佐和子／キャスト山田五十鈴、田村高廣、草笛光子、司葉子ほか）とあり、豪華な顔ぶれである。ぼくは翌日の二日目の舞台稽古も観て、新機軸の舞台中継番組の創作方法を練ることにした。有吉さんは、翌日に公演の初日を控えていて、有吉さんのダメだしも叫ぶ声が割れ、絶叫のように変わっていた。

このころの財団テレビ(=テレ東)は、赤字経営で職員二百人の馘首という大鉈が振るわれて、放送時間の短縮などになり、NHKや民放四局の番組の援助を受けて、なんとか放送局の体裁を保っていたが、そろそろ完全自立を目指しはじめたころでもあった。経営者たちは、いつまでも技術職員を遊ばせてはおけないとの考えもあり、それに日本テレビの山本時男さんやフジテレビの旗一平さんたちの手厚い協力などもあって、舞台中継という番組を誕生させることができたのだ。

一九六七年十月二日に、『華岡青洲の妻』中継録画日がきた。舞台に向かって上手、中央、下手の三個所の座席に三台のテレビ・カメラを設置(客席のチケット代金は局負担)させ、それに権利金、戯曲原作の使用料の支払いなどもあり、さらに中継録画は開演と同時の一度きりという過酷な仕事であった。加えて財団テレビ(=東京12チャンネル)は、労組のストライキをも警戒しなければならないという最悪の環境でもあった。

技術の打合せも済み、中継車に入ったぼくは、モニター画面を見て、本日が公演初日とあって女優の山田五十鈴さん、草笛光子さん、司葉子さんの舞台用の白塗りの顔がきつすぎるので、テレビ放送用の薄目のメイクに急いで変えてもらった。

本番収録は、ワン・カットのミスもなく、ズーム・ショットやリアクション・ショットなども駆使して、ぼくの個性むき出しの、まるでスタジオ・ドラマ風に、戯曲『華岡青洲の妻』の舞台を二百七十二カットで収録を終え、視聴率も二桁の10・3%と高かったから、ぼくはほっとした。

ところで有吉佐和子さんは、大卒後すぐに演劇に携わっているし、早くに小説『地唄』で文学界新人賞を獲り、芥川賞候補にもなった。それに『華岡青洲の妻』で女流文学賞、『出雲の阿国』で芸術選奨文部大臣賞、『和宮様御留』で毎日芸術賞などを獲得し、有吉佐和子という、この作家の芸術的活動はとどまるところがなく、『複合汚染』やら『恍惚の人』などの社会問題にまで及んでいる。それだから昭和を代表する作家といわれる所以なのだろう。ここで評論家の江藤淳さんの言葉を引くと、「芸術とは行動であり、主体的時間の構築である」と言い切っている。それならば、この『華岡青洲の妻』という舞台芸術作品も、すでに主体的な時間が見事に構築された芸術作品であり、いかにぼくが映像的に工夫してみたところで、完成した舞台芸術はすでに存在しているし、主体的時間も完成済みといえるから、如何にぼくが努力してみても、亜流つまりエピゴーネンでしかなく、ぼくの行為（＝舞台中継）そのものは、映像による観劇報告といった類のものでしかないということになろう。さて、東京女子大学短大英文科卒の有吉佐和子さんは、小説家、劇作家、演出家でもあって、古典芸能から現代の社会問題まで幅広いテーマで、『地唄』、『紀ノ川』、『香華』、『有田川』、『華岡青洲の妻』、『和宮様御留』、『複合汚染』、『恍惚の人』などを創作してもいるし、なんといっても受賞歴がずば抜けている。

それにしても、有吉佐和子さんの永眠は五十三歳であった。なんとも若い……悔やまれてならない。

No.20 作家・川口松太郎さん

川口松太郎さんは、一九一五年（大正四年）に久保田万太郎氏に師事して、講釈師の許に住み込み、庶民文学や漢詩文学を学んだ後に、小山内薫の門下生となり、戯曲を書くようになった。一九三四年に発表した『鶴八鶴次郎』が菊池寛氏に激賞され、翌年『風流深川唄』や『明治一大女』などの作品で第一回直木賞を受賞した（磯貝勝太郎・ニッポニカから引用）。

ぼくは、川口さんをどうしても書かずにはおれない。ぼくがテレビによる舞台中継番組とは、こうあるべきだという信念を燃やして挑戦した新ジャンルだったからだ。サンケイスポーツ紙のスタッフ・ルームの切り抜きには、新橋演舞場の幹事室でチーフ・プロデューサーのぼくをつかまえて、「君のところの舞台中継は、忠実で大変に見やすい。なにかコツがあるのかね？」と新派の大御所の川口松太郎さんからいわれた、とある。

好評だった東京12チャンネルの第一回放送の『土曜観劇会・華岡青洲の妻』を川口さんが観ての感想なのだろう、とすぐにぼくは、察知し、「先生、コツなんて別にありません。みんな素人ですから、ただ夢中になって。勉強しているだけです」と返事をしている。ほかに詰問調でいくつか訊かれたようだが、いまは、すっかり忘れている。しかし、編成部長が「テレビ・ドラマをやった君が、舞台中継をやれないはずがない」という暴論を吐き、押し付けられてしまった傷跡のような記憶だけが、ぼくの心に残っている。

当時、ラジオから流れてくる舞台中継のマネ（音声による説明）だけは、やらない。テレビ映像という強い表現手段があるからである。基本はバスト・サイズであり、リアクション・ショットの挿入を忘れないように、と演出スタッフに厳命したのだった。これが、ぼくの基本的コンセプトだったからである。

かりに、二幕十三場の芝居なら、映画での二度の溶明と溶暗と考えて、緞帳の上げ下げの全景を録画することになるだろうし、なお十三場なら、最小でも舞台の全景ショットは十三回が必要になる。さらには役者さんの出入りも、全景ショットかミディアム・ショットを要求されようし、そうでないと、どの場面かが解らず、テレビ視聴者に混乱を与えることになるからである。

だからこそぼくは、演劇（江藤淳の主体的時間構築済み）は、劇場で観るべきものである、とつくづくおもうのだった。

「それ故に、ぼくが欲しいとおもった演技や表情を、バスト・サイズを基本にして収録しているのです」

「だから君のところは、玄人受けするのだね」

川口さんにそういわれて、ぼくは肩を叩かれた。演劇界の大御所の川口さんの観察眼は鋭いと、そのとき、ぼくは感服したのだった。

副部長でCPのぼくは、江藤淳さんのエピゴーネン説を尻目に、川口大御所の言葉に励まされて、『華岡青洲の妻』の舞台中継のテレビ放送の成功が、未来の明るい兆しがみえたようで、なにかぼく自身に自信がついたような感じがしたのだった。

ぼくは、新派、新国劇、東宝演劇、松竹新喜劇、帝劇、明治座、新宿コマ劇場、それに加えて大阪まで出張して、梅田コマ劇場などの芝居を、地元のテレビ中継車を借用して中継録画を行って、東京12チャンネルの『土曜観劇会』という番組の枠で放送したから、演出スタッフや技術スタッフの技術向上に大いに役立ったにちがいない。とりわけ未熟だった技術スタッフは、さぞや経験を積むことができて、自信がいくらかついたことだろう。

それなのに、ぼく自身には不満がのこった。……本音を吐露するなら、スタジオ・ドラマのカメラ・ワークについても、演出スタッフの教育（＝経験不足）についても、ぼく自身は不満足であり、ましてや演出スタッフに役者の顔合わせ、衣装合わせ、本読み、立ち稽古などはまったく経験を積ませることができなかったからで、慙愧《ざんき》に堪えない。

そうはいっても、本音は演劇鑑賞の疑似体験のような亜流（＝主体的な時間の構築のない非芸術）をどれほど数多く『土曜観劇会』の枠で放送しただろうか……ひたすら反省しているのだった。ぼくはこの期間にいくたび、テレビ局のサラリーマンから映画界への転身を考えたことかしれない。演出スタッフと別れてもというより、ぼく自身に家族を抱えての映画界入りは無謀におもえたし、自信ももてなかった。そんな折、国立九州芸術工科大学からの話で、教壇に立ち、集中講義を夏冬二回行ったことから、静的映像の今井助教授から、動的映像の助教授へと強い勧誘があったが、これも東京を離れてまで、家族ともども移住の決断ができずに、辞退したのだった。

一九六八年四月、ＮＨＫの番組『竜馬がゆく』（和田勉演出、北大路欣也主演）をぼくが観ていたら、タイトルに（フィルム撮影・赤城久雄）と出ていたので、大学同期卒の赤城君の名前を見つけて、嬉しくおもったし、和田勉さんが健在で大河ドラマを制作していることを、ぼくは羨ましくおもえてならなかった。往時、俳優・伊藤雄之助さんを、ぼくと和田勉さんとが奪い合いした一幕が、とりわけ懐かしく想いだされてくる。

爾後、NHKの恒例の制作協力会社慰労会が、赤坂のホテルで開催された。その大広間の雑踏の中で、和田勉さんと遭遇したことが想いだされてくる……ガラガラと笑う声も。

No.21　映画監督・市川崑さん

ぼくは、演出局長という重い職制を抱えたまま、二度目の『ゆく年くる年』という全民放局同時ネットのマンモス番組のジェネラル・プロデューサーをやらされるハメになった。当時を回想すると、ぼくの胃はキリキリと痛んでくる……。

テレビ東京の番組審議会委員の一人である市川崑映画監督に、高額のギャラで番組の『ゆく年くる年』のシノプシス（梗概）を書くという条件と、外部大型頭脳の導入というキャッチフレーズを掲げて、マンモス番組の現場・総監督まで担当させることを役員会で決めてしまい、後日、その事実を知らされて、ぼくは一驚した。

ともあれ、市川崑さんは『花ひらく』で、監督としてデビューし、『ビルマの竪琴』、『炎上』、『細雪』などの文芸作品などを映画化し、『東京オリンピック』のドキュメンタリーなども手がけているし、ぼくが大卒後、大映多摩川撮影所の特殊撮影課に入所してほどなく、市川崑監督の映画作品『おとうと』のメインタイトルから、原作・脚本・出演・川口浩ほか全出演者や美術スタッフ名、録音スタッフ名、助監督名、市川崑監督名のタイトル撮影を手伝った記憶が蘇ってきた。そればかりか、「気難しい特異体質で、刺身よりも卵焼きを好む監督だそうだ」などという情報までも、ぼくは知っていたから、二度目の民放局のマンモス番組のGPを役員会で指名されたときは、「なんと、貧乏籤を引かされたものか」と嘆きつつ、「これもサラリーマンとしての宿命か?」としぶしぶ受け入れたのである。

一九七九年三月二十六日、『ゆく年くる年』の実施本部の事務所開きが、服部時計店の松川宣伝部長や電通の関係者たちの立ち会いで行われ、中川社長から改めて市川崑監督の起用の説明がなされた。なお、実施本部総指揮・渡辺龍郎報道局長、総監督・市川崑、ジェネラル・プロデューサー(=GP)・若井田久演出局長などの発表があった。

同年六月初旬、ぼくは中川社長から呼ばれた。

「若井田君、『ゆく年くる年』のほうは、どうかね、総指揮の渡辺君が非協力なら、降ろしてもいいが、どうかね? 心労の君は大丈夫かね?」

(ぼくの苦しい現状を国保業務本部長代理が社長に耳打ちしたに違いない)

（渡辺総指揮を辞めさせたいが、そうすれば、売り物の市川崑さんも辞任するだろうから、これまでの努力が無駄になるし、新たな布陣で再スタートする時間的に余裕などはない。ここは、ぼくさえ我慢すればすむことなのだ）と瞬時に閃き、ニヤリと笑いでごまかし、社長室を退去した。この極秘会談の動きを渡辺総指揮が察知したようで、なんとか市川崑さんに梗概を書き上げさせてくれた。

「若井田君、和田夏十さん（＝崑さんのワイフ）も褒めてくれたよ」

崑さんが、そう得意顔でぼくにいったのを、いまも忘れないでいる。

ほどなく、ぼくは、「さあ。中継地点へ飛んでくれ！　技術の打合せをしっかりやってくれ！」とスタッフたちへ叫んでいた。その間も、ぼくと遠藤CP、平ADの三人は、渋谷にある崑さんの事務所（＝アトリエ21）へ通いつづけていたが、ここらで総合司会者や中継地点である地元での出演者たちを、ぼくの独断で強引に進めたところ、崑さんは、あっさりと承認してくれたので、ぼくはホッとした。それはおそらく、ぼくらの顔に滲み出ている悲愴感と緊張感とを、崑さんが読み取ったからにちがいない。

民放九十三局同時ネットが決定し、番組の題名は『行く年くる年　その愛』と崑さんは、レジュメに書き、内容も書き込まれていた。

総合司会者は関口宏と浅茅陽子の二人を、ぼくが決め、中継地点は函館の男子トラピスト修道院、東京は芝の増上寺、原宿、静岡ＳＬ大井川鉄道、奈良・吉野、野迫川村（六百年つづく行事）、長崎・橘湾石油備蓄タンカー、猿葉山稲荷などの地点から年末年始を迎える庶民たちの実景を、ぼくは副整調で七十五分間、キュウ（＝合図）を出したり、トークバックでスタジオ・フロアーの演出助手へ指示したりして、放送を無事に終えることができた。当時は、いや、今でも？　日経新聞の天下りの活字人間ばかりが、テレビ東京の社内で横柄にふるまい、テレビ東京生粋の社員たちは、映像技術やテレビ演出などを磨くどころか、大手町本社（＝日経新聞）からの、天下り幹部の顔色ばかりを気にしながら、出世欲ばかりを磨く輩が多すぎて、ぼくは辟易していたものだ。

初秋の或る夕暮、ぼくは横浜駅のプラット・ホームで、当時テレビ東京の常務の技術本部長・新倉さんに（＝元テレ朝の編成局次長で、ぼくの師匠の北代編成局長と机を並べていたそうだ）ぱったり出遭い、新倉さんに誘われて、駅のガード下近くで、酒を飲むことになった。ぼくは、新倉さんには技術的なことで、常に積極的に応援をうけていた経緯があり、お互いの胸中は知り尽くしていたからか、ぼくも、新倉さんも、それぞれが手酌で一言も喋らず、小一時間ほど黙々として飲みつづけていた。

いきなり、新倉さんが宣言するように立ち上がり、「ここらが、頃合い、か」と呟くと、勘定を済ませて去って行った。新倉さんは振り返ることはなかった。

その後、ほどなく、新倉さんは、テレビ大阪の社長として赴任したことを知った。

ぼくは時折、勘定を済ませて去って行った新倉さんの後姿を瞼に浮かべ、なんとも口数の少ない爽快な男だった、と回想に耽けったりすることがある。

No.22 映画監督・新藤兼人さん

一九六九年十一月、日経新聞と日本生命が財団テレビ（＝テレビ東京の前々身）の経営に参加し、社名も東京12チャンネルと変更され、営業も再開されることになった。

翌一九七〇年早々、ぼくは編成部に『新藤兼人劇場』の新設のための根回しを終えた。

そして近代映画協会の千葉茂樹（＝日大芸術学部同期卒）と能登節夫製作担当重役を呼んで、打合せをすすめた。その結果、生まれた番組が『新藤兼人劇場』であった。

・第一回『愛妻物語』（一話～四話、脚本・新藤兼人、監督・吉村公三郎、原功、末松茂／出演・日色ともゑ・明石勉・市原悦子・観世栄夫）
・第二回『誘惑』（一話～四話、脚本・勝目貴久、千葉茂樹、原功、松田昭三／監督・吉村公三郎、原功、末松茂／出演・乙羽信子、木村功）
・第三回『銀心中』（一話～三話／脚本・新藤兼人、原功、松田昭三／監督・吉村公三郎、

原功、勝目貴久／出演・太地喜和子、河原崎長一郎、殿山泰司）
・第四回『女は魔もの』（前後編／脚本・新藤兼人、千葉茂樹、松田昭三／監督・吉村公三郎、末松茂／出演・小林千登勢、南原宏治、多々良純）

これらの映画作品がテレビ放映されてほどなく、新藤兼人さんが、「ぼくの労に報いたい」というので、ぼくは千葉茂樹君ともども、神楽坂の宿・和可菜でシナリオを執筆中の新藤兼人さんを陣中見舞いもかねて、訪れることにした。


三人で、ハロッズのダージリン紅茶をゆっくりと飲み終えると、

「若井田さん、お世話になりました」新藤さんがいった。

「無事に放映できて、ぼくも満足です」と返事をした。

「……シナリオ研究の誌面をあげますから、自作のシナリオを発表してみたらどうですか」

そう、さりげなく、新藤さんはぼくにいってくれた。

（ぼくの労に報いるためとはいえ、新藤さんはなんと粋な計らいをする人なのだろうか）

「ありがとうございます。すぐに創作をはじめます。精一杯がんばってみます」

そう返答したぼくは、千葉君ともども早々に辞去したのだった。

新藤監督さんとの約束は、ぼくのなまけ癖のせいで、十年越しになったが、一九八〇年

六月一日付の『シナリオ研究3・近代映画協会』の発行誌の二二八頁から二七四頁にかけて『いのちの幻影・人工授精／作・若井田久』と題して全文を掲載してくれていた。これで約束が果たせて、ぼくはホッとした。

日が、年がながれた或る日、映画監督千葉茂樹が、ぼくのプロダクションに遊びにきた。それで話が弾み、ちょっとタブーに触れるような気がしたが、あえて訊いてみた。

「君が所属している協会は、ほとんどの会員が、左翼思想の持ち主で、全会員が、無神論者と聞くが、よくも、マザー・テレサの企画を採用させることができたね？」

「新藤さんは、こういったよ。『私は神を信じていないが、千葉君が神に向き合うのは、自由だ。できるだけの応援はするよ』といってくれたよ。新藤兼人監督のこうした度量が、実はサロンとしての近代映画協会の長所だと、私はおもっているのだよ。その結果というか、新藤さんのおおきな包容力があったから、まったく異質な聖職者集団・女子パウロ会との共同企画・製作をすすめられるようになったのだ、とおもうよ」

さらに千葉君は、熱く語った。

「『マザー・テレサとその世界』は、彼女がノーベル平和賞を受賞する一年前に取材して、一九七九年春には、公開されて大きな反響をよぶことになったから、私は運がよかったよ」

さて、新藤兼人さんが脚本・監督した『近代映画協会の50年』作品から選ぶというと枚挙にいとまがないが、あえて、ぼく好みでいうのなら、こうなる。

「一九五二年『原爆の子』、一九六〇年『裸の島』、一九六二年『人間』、一九六三年『母』、一九六四年『鬼婆』、一九六五年『悪党』、一九七七年『竹山ひとり旅』などの作品があるがあるけれども……一本に絞れるなら」

「ぼくなら『裸の島』を選びたいね。この作品は、新藤さん自身が、五百万円の拠出金を出し、スタッフを十三名に絞り、近代映画協会の解散の儀式として製作を断行したと聞いているが」

「ところが、一九六〇年のモスクワ映画祭でグランプリを受賞したから、わが協会は息を吹き返すことができたのだよ、と新藤さんは、われわれ会員に語ってくれたよ」

後日、このいきさつを知ったぼくは、千葉君にこういった。

「新藤監督という人は、秀でた才能と桁外れの胆力の持ち主なのだね」

「うん、そうなのだよ」といった千葉君は、映像に関する師であり、所属する近代協会の会長でもある新藤さんを讃えるような表情を、ぼくに見せた。

「ぼくも同感だよ。けれども、（そういってから、反体制派の新藤兼人監督は、なぜ文化勲章を辞退しなかったのだろうか？　ぼくの頭の中には、文化勲章の叙勲を辞退した著名人がつぎつぎに浮かんできた。だから、ぼくは千葉君に、新藤監督は、なぜ文化勲章を辞退しなかったのだろうか？　と聞こうとして）千葉君、なぜ新藤さんは？」と詰問しかけて、ぼくは口を固く閉じてしまった。ぼくら二人の間に、なんとも気まずい雰囲気が残った……。

No.23　作家・遠藤周作さん

ぼくの映像制作会社（＝ワカイダ・プロダクション）は、対談番組のホスト役として狐狸庵先生（＝作家・遠藤周作さん）を起用することをきめて、テレビ東京で放送することとなった。

それで、NHKの本館からさほど遠くないところにある、狐狸庵先生の仮住まい兼仕事場でもある瀟洒な洋館の一軒家に、ぼくはいくどか、打合せに伺ったことがある。

当時、先生はホスピスにたいへん関心をもたれていて、看護師さんや患者さんや、その家族さんから届いた手紙のいくつかを読んでくれたりした。それで、そのときに終末期の医療のあり方やケア・マネジャーをテーマにしてなにか創作でもするのだろうか、とぼくは考えたものだ。いきなり、狐狸庵先生から鋭い質問が、ぼくに飛んできた。

「若井田君、きみはどんな死に方をしたいのかね」

ぼくは返答に窮した。

「……考えておいたほうが、いいとおもうよ。早いか、おそいかはあるが、死は万人に公平にやってくる。君が仮に癌だったとしたら、主治医から癌の告知をされたいかね。つまり死期を知りたいかね」

「知りたくはありません」（臆病者のぼくは、きっと発狂するにちがいないからだ）

「……告知されたくありません、か？」と狐狸庵先生は、ぼくの言葉をゆっくり呟いた。まるで先生自身が自問自答しているような口調であった。

「……死、永遠への誘い……患者さんの手をにぎりしめて、死を迎えさせてあげる、天使のような気持ちが求められるのだね……つまり家族こそがホスピスの対象などだよ。死の告知を伝え、残された時間を患者さんに充実していただく。身体的苦痛の軽減はもちろんのこと、こころが静かに死に臨めるような幅の広い介護と、そんな施設がほしいね、日本全国の市町村に」そう狐狸庵先生は語り、そののち、ボランティアや尊厳死をふくめて、つまりターミナル・ケアはどうあるべきかを熱く語りつづけたのだった。

突然、狐狸庵先生から作家の遠藤周作さんに変身したか、とおもわせる態度と視線でぼくを凝視して、こういった。

「若井田君、我儘《わがまま》を言うけれども」

「なんでしょう?」とぼくは、身構えた。

遠藤周作さんは、少しの間、考えてから、遠慮がちに「三人の女性に会いたいのだが……」

「どなたと、どなたと、どなたでしょうか?」とぼくは訊ねた。

「まず、ピアニストの遠山慶子さん、次にソプラノ歌手の東敦子さん、そして作家の宮尾登美子さんの三人の女性に会いたい……私もフランスに留学をしているが、遠山慶子さんも若くしてアルフレッド・コルトー巨匠に認められて、渡仏したのだよ。三年後、演奏資格一位でパリ・エコールノルマル音楽院を卒業、たしか教授の資格も一位だったとおもうよ……顔見知りが集い、ワインで歓談したりしてからはじまるサロン・コンサートが、わたしは大好きでね……いつもうっとりとさせられるのだよ……こころに沁みる音色というか……」

先生は目線を遠くに送り、まるで先生が、子供のころ、上野音楽学校のバイオリン科卒の母親・郁さんの弾くバイオリンのメロディーでも聴いているかのような表情をしていた。

遠藤周作さんの蓋棺の際、本人の遺志で小説『沈黙』、『深い河』の二冊がお棺の中に納められたと、ぼくは人伝に知った。

その二冊ともぼくは、読んでいたし、感動もした。だが、しかし、『沈黙』の文章には、ぼくの胸にすこし違和感がのこっているままだった。それは作中人物の教父が拷問をうけて棄教するくだりで、いくどか流す泪がなぜ白い泪なのか、を先生に訊かずじまいになってしまった。というか、ぼくは訊く機会はいくどもあったが、訊くことができなかった。

ぼくのこころに荊《いばら》のような違和感が刺さったままだ……拷問をうけつづけ、その極限では、そうなることがあるかもしれない。だが、ぼくは、どうしても白色の泪を想像することはできない……血液の赤色の泪なら然《さ》もありなん、とぼくは納得するのだが……。

狐狸庵先生と対談番組内容の打合せのたびに、白い泪の疑念が、いくどもぼくの喉に突きあげてきたが、そのつど、呑み込んでしまった。「私には白い涙にみえたのだから、しかたなかろう。若井田君、つまらんことを訊くなよ」と狐狸庵先生に眼鏡越しに睨まれるのが、怖かったからだ。やがて、先生の希望通りに、ぼくたちスタッフは、三人の女性(ピアニスト・遠山慶子さんを見晴らしのよい有名なホテルの一室で、その庭園にある老舗の日本料亭のお座敷や茶室などで、ソプラノ歌手・東敦子さん、作家の宮尾登美子さん)の順で取材撮影を終えることできた。狐狸庵先生は、ゲストの三人の女性に会うたびに微笑を顔に浮かべて迎えるのだった。先生のあれほど優しい笑顔を、ぼくは見たことがない。

放送も無事に終えることができた。取材の折に、遠山慶子さんから頂いた、一枚のアルバム・『WAモーツァルト』（ピアノ・遠山慶子、カルロ・ゼッキ指揮、群馬交響楽団）が手元にある。聴いてみたい……小説『沈黙』で、教父の流す白い泪について考えながら……。

No.24 作家・吉屋信子さん

古希をすぎた吉屋信子さんが、朝日新聞に連載した小説『徳川の夫人たち』が話題にのぼったこともあって、テレビ東京の『人に歴史あり』の番組に吉屋信子さんをメイン・ゲストとして、出演していただけるように直に交渉するために、ＰＣのぼくと遠藤慎介Ｄとが、鎌倉・長谷の吉屋宅を訪れて応接間で待機していた。

やがて霊妙な女性秘書とおぼしき女性が、ゆらゆらと肩を振って現れた。

「只今、先生は執筆中です。まことに恐縮でございますが、これでもお飲みになって、しばらくの間、お待ちくださいませ」と色っぽい目をして、テーブルの上にナポレオンのボトルとブランディ・グラス二つを置き、ゆるゆると去っていった。

「遠藤君、これがナポレオンだよ。一口、試飲してみなさい」

「はい、では、若さんに、まずは、お注ぎして……」と遠藤Ｄがいった。

「君、君、そんなに、どぼどぼと注ぐものではない。そうそう、そう」

「こうして、馥郁なる香りを愉しんでから」

「こら、遠藤君！　それはわたしの台詞だ。よく私を見たまえ。まず芳醇な液を舌でころがしてみる。うーむ、何とも言えぬ感触だなー。ルイ十三世にはチト劣るが、のー。どうかね？　遠藤君は？」

「はい、何とも言えぬ感触であります……若さん、お代わりをどうぞ」

「いや、はや、痛み入るのー」

しばらく待つと、女性秘書が、再び腰をくねくねさせながら現れて、

「先生は、メイン・ゲストとして出演させていただきます、とのことです。いま、原稿の締め切りに追われておりまして、デスクから離れられないので、よろしくお願いいたします、と申しております。以上でございます」

赤面の遠藤Dとちょっと呂律の怪しいぼくは、快諾を頂けたので、早々に退室した。

表に出てしばらくすると、酔いが体内を駆け巡り、ぼくの歩行は乱れだしたが、非情にも遠藤君は、どんどんと遠ざかっていく。

「おい、待ってくれ！」と叫んだが、声が出ない。不覚にもぼくの下腹部に激痛が起きて

いたからだ。ぼくは急に路上でうずくまった。遠くから靴音が迫ってきて……遠藤君が慌ててぼくを抱き起こした。

「若さん、額に脂汗がふきでています。くるしい？　胃ですか、腹ですか、腸、そう腸捻転ですよ。これは」

「やぶ医者みたいな口をきくな！　遠ちゃん、すぐにそこの呼び鈴を押してくれ、ぐずぐずするな、押せ！」

「この立派な黒塀の屋敷門は？　うへー、大佛次郎という表札が出ていますが」

「構わん、押せ、押しつづけろ！」とぼくは怒鳴り、腹を抱えて、玄関前へ急いだ。

「はいはい、どなたさまでしょう？　御主人さまたちはお出かけですが」

和服姿の上品な家政婦さんらしき人が、玄関を開けてくれた。

「わたくしテレビ局で『人に歴史あり』という番組を担当しているプロデューサーの若井田と申します。びろうな話で恐縮ですが、にわかに便意をもよおしまして、くく苦しんでおります。どうか、トイレをお貸しくださいませんか？」

「そ、それは、さぞお困りでございましょう。どうぞ、ごゆっくりお使いください」といわれたので、和風トイレに駆け込み、小と大のほうも、心ゆくまで排泄することができた。

「若さん、吾輩もつれションを、ちと、失礼を……うわ、臭い、こりゃナポレオンの祟りじゃ！」と遠藤君の奇声が聞こえた。

ぼくは清々しい気分で、「大変におせわになりました」と奥へ声をかけた。

すると「にゃアー」と数匹の猫たちが声をそろえて鳴くのが聞こえた。

（さすがに愛猫家の大佛さんの猫だけあって、仕付けがいい）

ぼくは感心させられた。

ぼく自身のことだが、大佛次郎という氏名を覚えたのは、小学校の高学年で、それもアラカンこと嵐寛寿郎主演映画の『鞍馬天狗』をよく観ていて、ファンになったからだった。

そうそう、このドキュメントは、二〇〇八年の年末に執筆したもので、その当時、ぼくがお世話になった、あの懐かしい和風トイレのある大佛次郎さんの屋敷は、鎌倉見学のお客さんたちのお休みどころ『大佛茶房』に改造されているらしい、と聞いた。それに加えて、吉屋信子さんの邸宅のほうも鎌倉市に寄贈されて、吉屋信子記念館に変貌していると友人が教えてくれた。ぼくは、部下だったころの遠藤君とともに訪れた鎌倉の二個所を、いつか、訪れてみたいとおもっていたが、その遠藤君は他界してしまった。

いま、ぼくは卒寿をすぎ、病院通いに杖を曳いているが、このごろ、うれいていることは、日本列島の随所に増えつつある味気ない高層ビルディング化である。だからこそ、とりわけぼくは、日本最初の武家政権の史跡の多い鎌倉の青空だけは、コンクリートの高層のビル化で塞がないでほしい、とただひたすら願うのだが……果たしてどうなることやら？

No.25 大蔵大臣・渡辺美智雄（ミッチー）さんVSタモリさん

ぼくが新聞のスクラップ帳をめくっていると、一九八一年の夕刊フジの切り抜きに目がとまった。黒いサングラスをかけた渡辺美智雄大蔵大臣と並んでぼくとの2ショットが写っている。瞬時に当時が蘇った。「マフィアのボスみたいに、もっと凄んでください」と渡辺大臣に耳打ちすると、腕組みした大臣が肩を怒らせて、暗黒街の親分になりきろうとして、前方を睨んでいる。これがなんとも可笑しい。夕刊フジの説明文も《これが大蔵大臣?「ウッソ」なんていわれそうだ》とある。

一九八一年十月二十八日の午後四時に、テレ朝系で全国放送することになった『激突!ミッチーVSタモリ』という題名の六十分番組は、ぼくが代理店を通じて、ミッチーこと渡辺美智雄さんが大蔵大臣のときに、政府広報番組（財政再建のPR）にタモリさんを起用して制作するという趣旨の企画書を、大蔵省の広報室に売り込んだものであった。

想い起こせば、テレビ朝日のドラマ・ディレクターだったぼくが、若気の至りの冒険心に駆られ、財団テレビへ移籍してから数々の辛苦を舐めたのち、映像制作会社を設立したからこそ、里帰りができて、再びテレビ朝日で映像の制作ができるようになったという経緯がある。テレ朝の北代さんをはじめ、服部さん、井塚さん、宮崎さん、木村さんたちが温かく迎え入れてくれたのが、何よりも嬉しかった。

ぼくは里帰りの第一作であるこの番組で、何としても高視聴率を獲りたかった。官庁の広報番組？　それも財政再建という堅いテーマだ。果たして誰か？　高名で勉強家といえばタモリさんだ。ぼくは当たって砕けよ、の精神で出演交渉に入った。実現できたのは、陰で田辺昭一社長の英断があったからこそ実現できたのだ。

幸運にもぼくは、『激突！　ミッチーVSタモリ』というタイトルを決めると、スタジオでの番組収録に入った。幸いなことに、ミッチーさんは偉ぶらないし、勉強家のタモリさんの鋭い反論にも詭弁を弄することなく、財政再建を易しく説きながら、諭していた……。ぶっちゃけた話、しゃくにさわるくらい二人とも、そつがない。ときにタモリさんの赤字国債に関して、槍の切っ先のようなするどい質問についても、ミッチーさんは、丁寧に、事例を引いて蘊蓄を傾けて、決して茶化したりなどしなかった。

やがて、ホリゾントの色彩を変えたり、スタイリストをつけたりした効果も表れはじめ、辛辣と諧謔な内容というか、平たく言うとタヌキとムジナの息の合った財政再建への道のりが解説されていき、サブで指示を出しているぼくは、（さすがご両人だ）と唸り通しであった。

同年十一月三日、テレビ朝日から午後四時に全国放送した結果、開局以来の二桁の12・2パーセントの高視聴率を獲得したと知らされ、ぼくはテレビ朝日に里帰りができたばかりか、ちょっぴり恩返しができたようにおもえて、感無量であった。この『ミッチーVSタモリ』の政府広報番組が高視聴率だったことは、閣議でも話題になり、何週間も余韻がつづいたらしい、と漏れ聞こえてもきた。

三年後の一九八四年に、ぼくは自社制作の対談番組で、レギュラー・ホストのミッチーさん（八五年末、渡辺美智雄通産大臣就任）から、たっての希望で、タモリさんの再登場をお願いしたことがあった。この際も田辺エージェンシーの社長（＝田辺昭一さん）から快諾を頂いた。それで、ホテル・ニューオータニの茶室をお借りして、録画の収録がはじまると、のっけから息の合った漫才コンビに早変わりし、脱線につぐ脱線が展開されて、タモリさんの『ハナモゲラ語』や『形態模写』まで披露されて、ぼくはハラハラ、ドキドキしたのだった。だが、さすがにミッチーさんもタモリさんも二人ともツボを心得ていて、勉強好きで知性の高いタモリさんから、早稲田大学の西洋哲学科のころに、ジャズ研でプロの奏者を目指していたことなどを、訊きだすように仕向けていた。
タ「福岡では、朝日生命保険の外交員をやっておりましたよ」
ミ「そう、ボウリング場の支配人もやったというじゃない？　あまり長くはもたない」
タ「だいたい私は、三年周期で変わっていますから、これは六・三・三制の悪い」
ミ「教育を受けてきたからね」
タ「三年経つと、区切りをつけなければいけないとおもい……」
ミ「喫茶店のマスターのほうは、どうかね」
タ「これは一年で終わりましたね」
ミ「ああ、そうかね。それでいいよいよだ、あっちもダメ、こっちもダメということで」
タ「ちょっと待ってくださいよ。なんでそう決めつけるのですか、流れ流れて芸能界に」
ミ「入ったわけじゃ、ないね」と丁々発止、速いテンポの対談がつづく……。
二〇二二年、この七月で満九十二歳になるぼくは、「今度はタモさんと、ぼくの大ファンのキムタクさんの二人に出演していただいて、何かドでかい、そう、日本晴れのような番組を制作してみたい……ぼくが五十歳でテレ東を退職して独立した際、ジャニー喜多川さんに、若井田恒を励ます会の発起人に加わっていただいたお礼の意味を込めて……」

すると、「白寿まで待て！」という声が、天から降ってきたような気分になった。

No.26 日本国内閣総理大臣・田中角栄さん

田中角栄さんは、ぼくの番組に二度、出演している。

一度目は自民党幹事長の際に、東京12チャンネル（＝テレビ東京）の番組『人に歴史あり』がスタートしてほどなく、二度目の出演は一九七四年二月二十四日放送の『世界の主役』の番組で田中角栄さんは内閣総理大臣に就任していたときであった。

過ぎ去った遠い記憶をたぐりよせていたら、遊びにきた長女の史《ふみ》が、「『人に歴史あり』の収録時の田中角栄さんの役職は何でしたか」と訊いたから、

「自由民主党の幹事長だったよ……確か四十七歳の働き盛りでね、ギラギラとエネルギーが全身に漲っていて、顔の色つやもよかったよ。ぼくが、局の応接室に顔を出すと、まるで積年のうらみを吐き出すように、あのダミ声でいきなり言葉を浴びせかけてきたのだよ」

「どんな内容でしたか」と史が訊き返した。

「『若井田君、東京12チャンネルはだね、日経新聞の傘下になって良かったのだよ。朝日新聞が10チャンネルになったから、やっと、これで腸捻転が解消されたのだ……若井田君、これで在京民放五社のテレビ局と新聞各社とが、はじめて整理統合できたからね。おれが大鉈をふるったのだ。喜ばしいことだよ。きみは、そうおもわんかね』と狭い応接室の中でまくし立てるから、あのダミ声で応接室の壁が揺れるほどだったよ」

八年前、第一次岸改造内閣で若干三十九歳の角栄さんが、郵政大臣に就任すると、一気呵成にこの整理統合をやってのけたのだ。このとき、三十六歳のぼくは、角栄さんの行動力に感服し、ファンになったきっかけでもあった。

「高等小学校卒でしかない田中角栄さんが、三十九歳の若さで郵政大臣になったのですからね、お父さん」そういって、史がぼくの顔を見た。

「ああ、天才も、超天才だとおもうよ。角栄さんはとくに……そう、この世で必要なものは、学問であって、学歴ではないが、口癖だったそうだ……一九七二年七月六日に五十四歳で、日本国の内閣総理大臣に指名されるや、同年九月には早くも日中国交正常化を実現してしまう……この若さ、このスピード、この行動力、これは凄いことだよ……そうはいっても、これが米国に不快なおもいを抱かせる原因になるとは、なあ……」

ぼくは、ため息をついた。

「話をつづけると、当時の日本国は、世界的石油危機で日本経済がダメージをうけたこともあってね、かねがねぼくは、日本の主役は、政治家なら田中角栄さん、国際的映画スターなら三船敏郎さんときめていたのだよ。だがしかし、当時の東京12チャンネルは、ストライキやロックアウトやらで、経営者と労組とは、犬猿の仲だったからね……そんな争議に怯えていたら、番組のCPなんか務まらないよ。そうはいっても、不手際のないように極秘裏にスタッフと実現に向けて走り出し、まず、内閣官房へ赴き、小長啓一総理秘書と面談することにした。当時、巷には下火になったとはいえ、『日本列島改造論』がまだくすぶっていた時期でもあったから、ぼくは番組の『世界の主役』のコンセプトの説明に入った。小長啓一秘書官は、ぼくの企画書に目を通してくれた。ぼくは、いろいろと難題を並べられて、ごねられるものと覚悟していたら、沈黙はすぐに破られた。『すべておまかせします』とぼくを直視して、明晰な口調でいった。彼の凛とした姿勢に好感がもてた。

ぼくは、労組のスタジオのロックアウトの暴挙が予測されていたから、その防御策として、中継車をホテル・ニューオータニの社屋に横づけ駐車させて、対談セットを持ち込み、中継録画にすることを、上司に耳打ちし、極秘に準備をすすめた。

収録の日がきた。本番前の田中総理と中丸薫さんの雑談の際に、中丸さんがいきなり『田中総理、ホットラインをお教えくださらない？』といったら、田中総理は高笑いで吹き飛ばした。

対談のテーマは、『物価高・石油危機の難問に挑む——田中角栄総理大臣』（＝世界の主役タイトル）で、中丸薫インタビュアーが、田中総理へ的確に質問を繰り返していたから、メリハリの利いた対談番組になったよ……いや、参ったよ」

「参った？　なにに、ですか？」長女の史がぼくに訊いたから、「それは、労働組合の委員長が、だね、収録当日に幹部や組合員を募り、大挙して京橋のスポンサー本社の玄関前に押しかけ、田中総理の『世界の主役』の番組提供を止めろ！　とシュプレヒコールの怒号を長時間、激しくつづけたらしいという情報が、すぐにぼくの耳にとどいた」

「史さん、ひどい、とおもわんかね？　どこの民放局の職員たちが、番組提供を止めろ！　などとスポンサー本社の玄関先で咆哮しつづけたりするだろうか！　馬鹿げた愚行だよ」

「同感です。本当に」長女の史の顔が上気気味だった。

「それからぼくは、田中総理の生誕地ロケを終え、庶民を代表する宰相として謳いあげたから、上々の番組内容になったよ」と史にいった。だがしかし、『世界の主役』の番組は、それから五週間後の六十六回目の『三船敏郎』の放送で、消滅させられた。

ぼくは『世界の主役』の百回放送を目指していたが、労組の提供ヤメロのシュプレヒコールのために放送中止に追い込まれ、ぼく自身も、営業局へ左遷された。だから二年後の満五十歳で、テレビ東京を退社したのだった。

いま、卒寿過ぎのぼくは、田中角栄さんの番組を二度も制作・演出する機会に恵まれ、その幸運にしみじみと感謝しています。

ヒューマンドキュメント・海外編

（テレビ東京の番組・『世界の主役』より）

No.1　映画と歌に賭ける永遠の二枚目　イヴ・モンタンさん

ぼくが、書斎で古い海外取材のアルバムを見ていたら、お茶を持ってきた妻の康子に、いきなり訊かれた。

「あなたが報道局国際社会部長兼チーフ・プロデューサーのころは、テレビ番組『世界の主役』の取材で世界中のどんな都市に行きました？」

ぼくは、しばらく、考えてから答えた。

「……そうだね、プライベートもいれると、えーと、韓国のソウル、香港、ローマ、ベニス、ジェノバ、モナコ、コートダジュールのニース、カンヌ、コルシカ島、ザルツブルク、パリ、パリは二度だ、ね……えーと、それからマドリード、トレド、ロンドン、ケンブリッジ、オックスフォード、ニューヨーク、ワシントン、サンフランシスコ、ハワイ島、オアフ島のホノルル、そう、もどってニューヨーク、アンカレッジ……こんなところかな」

羨望のまなざしをして、康子が、再び訊いた。

「わたくしは、ハワイのホノルルの一回きりでしたけど、あなたと……それで、一番、印象に残る都市はどこでした？」

「それは、二度、訪れたパリだろうね。当時を想いだすよ。つらかったなー、強行取材で、四十日間で、五人の世界の主役の取材という拠点をパリにおいていたからね……ぼくが撮ったこのイヴ・モンタンさんは、ナポレオンの出身地・コルシカ島で、フランス映画のロケ中のイヴ・モンタンさんのスナップ写真なのだよ。ぼくが『世界の主役』という番組の取材の際に撮ったものなのだよ……そうそう、インタビュアー中丸薫さんとぼくたちカメラ・クルーたちは、モンタンさんの映画撮影が一段落するまでの間、厨房車のコックさんのご好意で、頂いたランチを御馳走になってね……日本の映画のロケだと、だいたい冷たい折詰めの弁当が相場だが、このときは羨ましくおもったよ……ぼくとカメラ・クルーたちは満腹になり、一息入れていたら、ボルサリーノ・ハットを粋に被ったモンタンさんが現れて、パイプ椅子と丸テーブルを並べたにわかづくりの対談セットに座って着いてくれてね。ぼくは瞬時、彼の粋な風貌に魅了されて、われを忘れそうになったものだよ」

「初対面の挨拶を済ませた中丸薫さんは、流暢な英語で、『イタリアのモンスマーノのお生まれとお聞きしていますが』と静かに、インタビューをはじめた。モンタンさんは『はい、ムッソリーニの政権下でした』と答え、話しはじめた。ぼくが、まとめると、こうなる。モンタンさんの父は、社会主義者だったためにファシストに追われ、彼が二歳のとき、一家で南仏のマルセイユに逃げたのだった。彼は十一歳から働き、工場労働者、美容師、トラックの運転手など……やれるものはなんでもやった、という。

『ナチスの脅威は？』中丸さんが、訊ねた。

『はい……やっとナチスから解放されたのは、第二次世界大戦が終わってからです』

と当時を回顧する口調で語り、視線を空へおくった。

モンタンさんが二十三歳のときのことだ。

あの『愛の讃歌』のシャンソンで世界的にも有名な女性歌手・エディット・ピアフの目にとまり、ムーランルージュでともに働くうちに、恋仲になってしまったのである。

とりわけ、ダンディーな彼の汚れ役の映画といえば、クルーゾー監督の映画『恐怖の報酬』をぼくは挙げたい。映画館で観ていて、ハラハラ、ドキドキ、させられたよ。

断崖絶壁でトラックが立ち往生したり、道路の足場の木材が落下したり、重油の溢れた泥沼の中でもがき苦しむモンタンさんは、まるで地獄の恐怖が直に伝わってくるようで、ぼくは鳥肌が立ったよ。この映画作品で、カンヌ映画祭でグランプリの受賞に輝いたのは、至極当然の結果といえるだろう、ね。

この受賞が契機となり、モンタンさんは国際的映画スターとして活躍しはじめたのだった。それだけではない。プレイボーイとして評判の高い彼は、決してヤワではない。拷問に耐えるシーンの撮影では、二十数キロほどの減量も厭わなかったし、自分自身のからだを連続不眠で苛めることもやり、迫真的な演技をスクリーンで披露したのだった。

一九四六年に『枯葉〜夜の門〜』、一九五三年に『恐怖の報酬』、一九五四年に『ナポレオン』、一九五五年に『悪の決算』の映画作品が、ぼくには、つぎつぎに想いだされてくるよ」

妻「女性にモテたでしょうね」

「ああ、『夫の次にマーロン・ブランドと並んで、イヴ・モンタンは最高に魅力的な男性よ』とマリリン・モンローにいわしめたのは、ダンディーな彼の真骨頂ともいえるね。そんな男性を夫にできた妻のシモーヌ・シニョーレはさぞかし幸せだったにちがいない、ね。

唄に、映画に、舞台に、そして恋に情熱をそそいだモンタンさんの甘いヴォーカル・ソロが、ぼくの耳にこころよく聞こえてくる……。イヴ・モンタンの唄う『枯葉』を聴くと、ぼくのこころは癒されてくるよ……」

　一九九一年十一月、セーヌ川の左岸のカルチェラタンの街頭で焼き栗が売られ、その焼き栗をかじる一人の学生からぼくは、寒い木枯らしが吹く中で、街路樹に枯葉が舞い散るすぐむこうの病院で、イヴ・モンタンさんは永眠したのだよ、と直に日本語で聞いた。

No.2　世界史に君臨する謎の大財閥
N・M・ロスチャイルド卿

一九七二年の初冬。

十八世紀末以来、世界中の産業、経済、金融界を牛耳ってきたロンドンの銀行街からさほど遠くない、バッキンガム宮殿に近いイギリス内閣局の一角のキャビネット・オフィスで、中央政策審議会会長であるロスチャイルドさんは、多忙な現職の寸暇を割いて、ぼくたち『世界の主役』（＝テレビ東京の番組）の取材班を迎え入れてくれた。

そもそもフランクフルトに住むユダヤ人の商人・メイヤー・アムシェル・ロスチャイルドの家紋は、五本の矢であり、五人の息子に因んだものだそうだ。一族の掟である団結、協力、勤勉を実行した結果、有史以来最大の個人資産を築き、二百年に亘ってその家訓、つまり掟に支えられてきたのが、ロスチャイルド家だといってもいいだろう。

五人の兄弟は、十九世紀のヨーロッパの主要拠点に一大国家金融網をつくりあげたのだが、なかんずくイギリスに分家したロスチャイルド家は、イギリス国家とともに最も栄えてきたといえよう。

インタビュアーの中丸薫さんは、毅然とした態度で切り込んだ。

「あなたは大変に裕福な家にお生まれになり、社会的に成功されていますが、今日ご自分があるのは、家柄のおかげだとおもいますか」

ワイシャツで恰幅のよいナサニエル・メイヤー・ロスチャイルドさんは、少し考えてから、デスク越しに答えてくれた。

「私はそういうものとの葛藤は、つねにありました。でも、誕生の偶然性による恩恵にたよることなく努力してきましたし、いまでもそうしています」

中丸さんはすぐに問い返した。

中「重荷になりませんでしたか」

ロ「はい、迷惑であり、重荷でもありました。生まれつきの幸運から離れて、自ら成功しようと心がけてきました」

中「ところで、日本の田中角栄首相は、努力で立身出世した人として歓迎されていますが、田中首相について、何かご意見を聞かせてください」

ロ「そうですね。意見を申し上げるほど田中首相を存じあげていません。しかし、自力で成功したということは、なにも重要だとはおもいませんね。そういう経歴とその人自身の価値とは、なんら関係ないことだと、私はおもっているのです」

中丸薫さんは再び切り込んだ。

中「あなたはイギリス人でもあり、ユダヤ人でもいらっしゃる。日本人では例を見ないのでよくわかりませんが？」

ロ「誰もユダヤ人ということが、はっきりつかめないのです。外見と言ったり、人種と言ったり、馬鹿げています。黒人のユダヤ人もいますし、中国人もいます。ある人は宗教的なものだといいますが、私はこの意見に最も同意しています。ユダヤとは宗教であるという意見です」

中「では、ヒトラーのような人物は、なぜユダヤ人に嫉妬、いや、その能力を恐れていたのでしょうか」

ロ「そうはおもいません。ヨーロッパにはつねに潜在的な反ユダヤ主義があったのです。ですから苦境に直面すると、攻撃の矛先をユダヤ人や日本人に向けたりします。そうすることで国民の関心の問題の核心をそらしてしまうのです。ヒトラーは、その意味で大変成功したといえるでしょう。しかし、ある人種の差別は、どんなかたちでも世界中からなくすべきだし、またその努力は報われつつあります」

ロスチャイルドさんは淀みなく熱く語りつづけた。中丸さんも、ぼくもしばしば驚嘆させられたのだった。

われわれ『世界の主役』の取材班（＝現・テレビ東京）は、対談を、与えられた時間内に終えると、直ちに、関連取材に奔走した。

その結果、明らかになった彼の足跡を左記に述べると、こうなる。

ロスチャイルドさんのケンブリッジ大学時代は、クリケットの名選手で、全科目優秀でカレッジの優等生に選ばれているし、生物物理学の研究で大きな業績を残してもいる。

さらには同大学の教授時代に製作した熱量計が、研究室の片隅で、現在も動きつづけていた。

それに加えて、学者としてのロスチャイルドさんは、百件におよぶ科学論文と二冊の哲学書を著述しているのだった。

一九五三年には英国学士院会員に選ばれてもいた。

卒寿を過ぎたぼくは、ナサニエル・メイヤー・ロスチャイルドさんの言葉を、折々に想いだし、噛み締めたりすることがある。

それは、「家柄や育ちが、個人の価値を決めるものではない。それを決めるのは、如何に努力したかで、その結果であるのだ」という言葉である。

……ああ、霧のロンドンの初冬がなつかしく想いだされてくる……。

No.3　人類史をみつめて八十余年
アーノルド・ジョセフ・トインビー博士

朝霧を見ると、ぼくはロンドンを想いだすことがある。

一九七二年の冬、ぼくは濃霧のロンドン市街地を後にして、郊外へ向かう車中にいた。三十分ほど走ると、オークウッドという町の質素なアパートの前に車は停止した。

それからインタビュアーの中丸薫さんと、ぼくたち『世界の主役』（前述）の取材スタッフは、世界的歴史学者のアーノルド・トインビー博士の住むアパートの中に温かく招き入れられた。ほどなくソファー二つの対談セットができ、博士と中丸薫さんとが着席しおわると、ぼくは、撮影準備完了の合図を中丸さんへ送った。中丸さんの流暢な英語が博士へ向けられた。

中丸「博士、日本の書物または、芸術作品などから何か影響をうけられましたか」

高齢な博士は目を閉じ、しばらく回想にふけってから、静かにいった。

博士「日本のことでいうと、奈良時代初期の仏像に深い感銘をうけました」
中丸「話はかわりますが、日本では、性教育を学校教師にまかせる傾向にありますが、この点については、どうお考えですか」
博士「性教育は両親と教師の協力を必要とします」
中丸「では日本の学生運動については、どう、おもいますか」
博士「これは全世界どこでも同じ問題です。学生は政治に不満で、それで学問をすることから抜け出して、いろいろと問題をおこしているのです」
中丸「日本の作家の間では、たとえば、三島由紀夫とか、川端康成をはじめ、自殺する人がふえています。自殺を肯定されますか」
博士「政治的自殺は大変危険ですが、個人的な自殺は人間にゆるされた自由の一つだとおもいます」

博士（トインビーさん）は、一八八九年、ケースワーカーの父と歴史教師の母の間に生まれた。博士の母はケンブリッジ大学を卒業していて、のちに歴史の教科書を手がけるほどの勉強家でもあったらしい。

再び、中丸薫さんの短く鋭い質問がはじまる。

中丸「博士、ベトナム戦争は？」
博士「それは米国と中ソがそれぞれ南と北に属する戦争のかたちであるし、中東戦争は米国とソ連の代理であるといっても、よいでしょう。核兵器の発明と、一九四五年の日本国での原爆投下から世界状況が変わり、大国が大国同士の戦争から手を引き、現地の人々を動かして、互いの利益のために戦っているのです。これは小国にとって大変に不幸なことだとおもいます」
すかさず、中丸さんは追及する。
中丸「博士、戦争の原因ですが、イデオロギーや宗教上の争いが原因だとおもうのですが、どうでしょうか」
博士「国際間の競争は、戦争や平和に拘わらず、常に力の競争であったのです。北アイルランド戦争、中東戦争、すべてはイデオロギーの傘にかくれた権力むき出しの争いです」
博士の言葉の中で、とりわけ「人類の歴史は戦争の歴史だ。国連を通じて新しい国際政府を持たなければ、文明は崩壊する」と語った語気の強い言葉が今でも、ぼくの耳に残っている。博士は、静かに、悲しそうに話しはじめた。
博士「第一次と第二次世界大戦で、わたしのほとんどの友人が死んでしまった。病弱なわたしは、兵士になれずに生き残りました。戦死した友人のぶんまで勉強して、わたしは、働かなければならないのです」と寂しそうな顔をした。

何よりも研究時間を大切にするアーノルド・トインビー博士とぼくらの取材時間は三十分の約束であったが、四時間過ぎにもなっていた。だが、博士は文句ひとつ言わなかった。

ぼくたち取材班は、博士との別れ際、ゲスト出演者へ贈呈する決まりの大型ガラス・ケース入りの日本人形（高島屋藤田通販部長の好意によるもの）を抱えて渡そうとしたところ、高潔で偉大な歴史学者・トインビー博士が、懇願するような眼差しでこういった。

「わたしは戦前に一度、戦後に一度、二度日本を訪問しています。このお土産の日本人形よりも、できればギャラにしていただけませんか」

チーフ・プロデューサーのぼくは、すぐに快諾して、薄謝を手渡した。

ぼくは、「この薄謝のギャラで、きっと研究の書物を購入して、勉強するのだろう」とそのとき、そうおもった。

日本の朝霧を見ると、ロンドンの朝の濃霧を想いだすことがある。

八十三歳で、質素な年金生活を送っていたアーノルド・トインビー博士の「ギャラにしていただけませんか」の一言と、澄んだ眼差しに、ぼくは感動して、辞去したのだった。

濃霧のロンドンの早朝、テレ東の番組『世界の主役』の取材の車が、ライトの光芒をたよりに、博士の住むアパートに向かって進む光景が、ぼくの瞼にいまなお残っている。ぼくは気難しい世界的歴史学者を想像していたのに、こころの澄んだ世界的歴史学者であった。この往時の取材をいま、回想できて、ぼくは、つくづく幸せを感じている。

No.4　天才指揮者カラヤンの素顔　ヘルベルト・フォン・カラヤンさん

「たった今、明日、ここのカラヤン事務所に立ち寄るという連絡が入ったから、すぐに飛んできてカメラをスタンバイしてもらいたい」

という電話連絡が、カラヤンさんの秘書から、パリに滞在中のぼくたち『世界の主役』の取材班に舞い込んできた。事務所のある場所は、ザルツブルクのフェスティバル・ハウスにあるという。ぼくは、瞬時、躊躇した。カラヤンさんは、外国の大使館のレセプションをドタキャンしても意に介さない帝王だという噂を耳にしていたからである。とまれ、一か八か運を天にまかせ、パリの駅から超特急列車にぼくらカメラ・クルーは飛び乗った。国境通過の際には、列車内でパスポートのチェックを受けたりして、ぼくたちは、ザルツブルクにあるカラヤン帝王の事務所に、なんとかたどり着くことができた。

やがて、茶の背広に黒のトックリ・セーターと焦げ茶のズボン姿で現れたヘルベルト・

フォン・カラヤンさんに、中丸薫インタビュアーを紹介してから、ぼくは帝王と握手することができた。指揮棒一本しか持ったことのない、なんとも柔らかい女性的な手と神秘的な碧眼に、ぼくは一瞬、惹かれた。

天才の自己顕示欲の強さに慣れているぼくも、カメラ・ポジションやらライティングにまでこと細かく小言を言う神経質なカラヤン帝王には、ほとほと参った。そのうえ、ちょこまかと動き回るから、ぼくは手を焼き、困った。取材の限られた時間がどんどん失われていく……突然、ギャーと大声がした。カラヤン帝王が自身で、ピン・マイクをつけるといってきかないから任せたら、ピン先を自分の指に刺したのだ。指揮棒をもつ繊細な指から血が流れている。ぼくは凍りついた。

中丸薫さんが、帝王を何とか宥めてくれたが、こんどはカラヤンさんが自己宣伝を喋りつづけて一向に止める気配がない。そこで中丸さんが、おおきなジェスチャーで帝王のお喋りを制止させ、訊いてくれた。

中「あなたの人生で一番感動したことは、何でしょうか」

カ「二人目の子供が生まれたときです。私は分娩室で一つの生命が誕生する瞬間をみたのです。これが、これまでの人生で最も感動的でした」

とメゾ・ピアノから一気にフォルティシモに上昇するような語り方だった。つぎつぎと繰り出す中丸薫さんの質問に答える、カラヤン帝王の両手の指先に、まるで喜怒哀楽の細かい感情をみせられているみたいだった。約束時間の三十分が十分ほどオーバーしたころ、いきなりカラヤン帝王は立ち上がり、退去してしまった。

対談内容が短すぎて、番組にならない。ぼくたちカメラ・クルーは、事務所の壁に掛かっている絵や、デスクの上の写真立てや、調度品などを撮りはじめた。グランドピアノの上には、指揮中のカラヤン帝王の四ッ切り写真の上に、薄《うっす》らとホコリがかかっている。「七ヵ月前からそのままなのですよ。サッサとサインしてあげたらいいのに、ファンがかわいそう。先生は見て、見ぬふりです。触ったら怒られるから、そのままにしてあります」

秘書がぶつぶつ言いながら立ち去ると、突然、室内が暗闇になった。予定時間が過ぎているから、と秘書がブレイカーをおとしたのだ。ぼくは、大声で「これでは、番組にならない」と秘書に食い下がり、腕をつかんだ。その時、側で電話が鳴り、秘書が出た。一方的に、なにやら声が聞こえ、すぐに受話器は置かれた。

「先生からの電話でした。明日、早朝に先生が、ジェット機を操縦するから撮影したらどうですか、との提案でしたよ」というと、ニコリと笑みを浮かべた。

ぼくたち『世界の主役』（＝テレ東の番組名）のカメラ・クルーは、事務所から叩き出されるように街に出た。十月のザルツブルクは天候が不順で、ひどく寒かった。ここがモーツァルト生誕の古都か、と想いながら散策して、ふと、ブロマイド店の中に入って驚いた。カラヤン帝王のさまざまなサイズの写真が、まるで額装された高価な油絵のように飾ってある。中でもとりわけ、汗してタクトを振る帝王の写真の最高値には、ビックリした。ぼくらはブロマイド店を出て、街の中央広場のコーヒー店で一息入れた。店内はカラヤンさんの噂ばかりのようだった。

翌早朝、ぼくら取材班は、氷雨の吹きすさぶ中を急行し、空港に到着した。ほどなく、カメラ・レンズが深紅のポルシェを捉えた。それは、大きく滑走路をゆっくりと一回りしてから停止した。つぎに、カラヤン帝王の自家用機が現れると、ほどなく操縦士姿のカラヤンさんが、ポルシェから自家用機へ乗り移った。

カラヤンさんは、われわれ取材班に自家用機の、精密機器が詰まったピット内まで撮影させてくれて、すこぶる機嫌がよかった。

帝王は、しばらくの間、まるでオーケストラの譜面を優しく撫でるみたいに、ピットの中の計器を愛撫していたが、操縦士の目の合図に応答すると、おもむろにカラヤン帝王は、副操縦席のベルトを締めた。ぼくら取材班はすぐに機体から離れた。

しばらくの間、自家用機のエンジン音がしていたが、しだいに高くなり、耳をつんざく爆音に変わると、離陸をはじめた。

カラヤン帝王は、氷雨の止んだ空の彼方へ消えていた。

No.5　明日をデザインする元演劇青年　ピエール・カルダンさん

パリの凱旋門を背にして左手のシャンゼリゼ大通りを下ってくるとコンコルド広場に出るが、その少し手前にエスパス・ピエール・カルダン劇場がある。

ぼくたち『世界の主役』の取材班は、そのカルダン劇場内にあるガラス張りの、広くゴージャスな雰囲気の中で、待機していた。

やがて、カルダンさんが現れて、インタビュアーの中丸薫さんが、訊いた。

中「カルダンさんはイタリアのお生まれで、若いころは演劇青年だった、とお聞きしていますが」

カ「はい、演劇に打ち込んでおりました」

中「それなのに、前衛的なスタイルの、オートクチュールブランドを立ち上げて一世を風靡したそうですね」

カ「はい」

ファッション・デザイナーの彼は、前衛的なスタイルで高級注文服の銘柄を立ち上げるなどして、一九六〇~七〇年代に一世風靡して、各国から勲章を受勲してもいた。

カ「それ以前の一九四五年までは、建築家を目指していたのですが、パリに移り住んでからは、ブティックでさまざまな刺激を受け、クリスチャン・ディオールの独立時の立ち上げに参加をしたりしました」

中「わたくしは、日本に注目した、オートクチュールのファッション・デザイナーは、カルダンさんだとおもっておりますが、訪日はいつごろでしたでしょうか」

カ「一九五九年です」

中「その年にパリの百貨店・プランタン向けに、プレタポルテのコレクションを発表したのですね」

カ「はい、一九六〇年から一九七〇年代にかけて、大変に頑張りました」

中「アバンギャルドなスタイルで幾何学的な模様を好んだり、女性的なスタイルを無視したりもした。斬新ですが、実用的でないものも多くつくったりもしました。そして、カルダンさんは、オートクチュールの有望市場として日本に目を向けた最初のファッション・

デザイナーでしたし、モデルの松本弘子を起用していただいたことは、広く知らされていますよ」

一九六二年、ピエール・カルダンは、ジャンヌ・モローの主演映画『エバァの匂い』で進んで衣装担当を務めたりもしていた。

一九七五年～七六年、TBSの番組『赤い疑惑』(主演：山口百恵、三浦友和、岸恵子)の衣装も全面的に協力しているし、雨傘までもデザインしているのを知り、カルダンさんの商魂の逞しさにぼくは驚かされたものだ。さらには、日本国の勲二等瑞宝章を受章してもいる。

ぼくたちの取材が終わると、贅を尽くしたカルダン劇場の中の一室で、ぼくたちはフランスのフルコース料理を、取材班全員が御馳走になった。

なんといってもフランス料理が美味なのは、芳醇な香りと雰囲気に尽きると、ぼくはパリのど真ん中で、そうおもった。この味覚体験は、きっとぼくの人生で深く心に刻まれた美味な想い出になることだろう。

☆

こうして番組『世界の主役』チーフ・プロデューサーのぼくは、パリのカルチェラタンのホテルに滞在四十日間で、五人の世界の主役の取材を終え、収録済みの四分の三インチ・テープが十本を超えるたびに、パリのオルリー空港からエアー・カーゴで日本国のテレビ東京・撮影課へ送り届けていたのだが、二度目の最後の十本をエアー・カーゴに積み終わると、ぼくたち取材班は、帰国の途についたのだった。

ぼくは世界の主役を五人も収録できたというのに、帰国の日航機内で憂鬱だった。そうはいっても、出演交渉やらインタビュアーを兼務してくれている中丸薫の努力と責任感をおもうと、愚痴ってばかりもいられない、と自分を戒めるのだった。

帰国すれば、ぼくは報道局社会教養部長という職制の仕事の他に、『奥さん！　2時です』という六十分の帯番組のCPをも担当していて、さらに新番組『世界の主役』という番組がはじまるのだ。まず、テーマミュージックとBGMは選曲ではなく、山本直純さんに、一九七二年の暮れに依頼してあったから安心だが、何とも時間がない、予算も足りない、一九七三年一月の放送に間に合わせるためには、これまで通りに、ぼくの独断専行で演出スタッフを引っ張っていくしかない、と覚悟した。ぼくのデスク脇で、寡黙な福良副部長が、『世界の主役』のDやカメラ・クルーの取材班を羽田空港から、海外へ飛びたたせている。その度にぼくは、「よい取材をしてこいよ。生水を飲むなよ」と取材班へ注意したり、海外で中丸薫さんが出演交渉に難航していると国際電話で知るたびに、ぼくの胃はキリキリと痛んだ。とはいうものの、低予算だからと言い訳をして、再放送で穴を埋めることなどは一度もしなかった。ぼくの自負がゆるさないからだ。だがしかし、ぼくが、百回を目指していた放送を、六十六回の『三船敏郎』の放送で終了させられ、残念至極だった。

☆

一九八二年、日経新聞の記事によると、日経新聞、テレビ東京、テレビ大阪などの日経グループ関連は十月上旬から、大型企画『ドキュメント　新・産業革命』をわが国初の本格的メディア・ミックス（異媒体による統一テーマの同時キャンペーン）として展開するという。日経グループの報道媒体である日本経済新聞、日経産業新聞、テレビ東京、テレビ大阪を通じ、いま世界で巻き起こりつつある産業革命の現状を各媒体の特性をフルに生かして同時並行的に報道、放送するのをはじめ、書籍の発行、全国各地での講演会・セミナー開催、さらにはビデオ・テープなどにより、広く一般に訴えるものである。

日経メディア・ミックスは、新聞・テレビなどで同時キャンペーンの番組『ドキュメント　新・産業革命』を来月から開始（メディア・ミックスとは、当初、広告の媒体戦略として米国で編み出された方式（全文、日本経済新聞から引用））。

右記の日経メディア・ミックスの新聞製作スタッフは、主として日経産業新聞第三部（菅谷定彦部長）の記者が担当し、テレビ制作会社は日経映画社の担当であるが、テレビ放送に関する総合プロデューサーに若井田久が任命され、二年間担当することとなった。

ぼくは、日経メディア・ミックスに参加する全記者に集合してもらい、『映像表現』について講義したかったが、取材に忙殺される記者たちの集合は困難と考え、記者たちへ配布するテレビ番組『ドキュメント　新・産業革命』の映像制作の基本フォーマット（図表）を作成したのだった。それを次ページに表示するので、ご参照ください。

『新・産業革命』（メディア・ミックス）の基本的制作図表

番組の進行⇓	取材内容				
起	導入	現象把握	問題提起	意外性	ダイナミック
承転	展開	実態把握	追跡調査	やさしい解説 現場ルポ（出来事を解説で価値づける）	やや速めのテンポ ビビッドな映像（ベルクソンの動的思考）
結	結末	本質把握	近未来予測	社会的影響	啓発と勇気づけ

取材人物		取材場所		取材形式	
海外取材を含む	記者 デスク 部長 局長　他	大会議室 編集局 産業部	日経本社 関連会社 他	スチール 他	ENG
右の取材人物と同じ 海外取材を含む	技術者 研究員 幹部社員 社長、会長 学者 評論家 マンガ家 記者　他	右の取材場所と同じ 海外取材を含む	各種企業、調査研究機関、工場、大学、官庁 他	フィルム スチール スライド 他の インサート	ENG
				フィルム スチール イラスト フリップ などの インサート	ENG
海外取材を含む	デスク 記者　他	産業部 プロジェクト チームルーム 他	日経本社 他	フリップ（予告） 他	ENG

著者プロフィール

村上 十七（むらかみ　じゅうしち）

出演名：若井田 久、本名：若井田 恒
1930年、東京府東京市赤坂区青山南町二丁目に生まれる。
慶應義塾商工学校に入学するが太平洋戦争のため、実家大分に疎開し、県立商業高等学校を卒業。３年間浪人生活を送り、その後日本大学芸術学部首席卒業につき優等生総代となるが、その年は映画助監督の募集がなく、不本意ながら大映多摩川撮影所特撮課に入所する。
1958年、日本教育テレビ（現・テレビ朝日）に入社後、開局を迎え、テレビドラマの演出を数多く手がける。1964年、開局２ヶ月前に東京12チャンネル（現・テレビ東京）に副部長として移籍し、テレビドラマの演出やドキュメンタリーの制作を担当し、1978年に演出局長に就任するが、1980年、同社退社後にワカイダ・プロダクションを設立し、2022年５月現在に至る。
☆著書：『おしゃかさま 絵物語』『源氏物語の悲劇』『宇宙をさ迷う紫式部』『闘志燃ゆ テレビ・マンの実録』『映像遍歴』
☆受賞：『未知への挑戦』テレビ記者会奨励賞『人に歴史あり』テレビ大賞（三度受賞）『金曜スペシャル　未帰還兵を追って（今村昌平監督）』テレビ大賞
☆1975年と1980年、全民放最大のマンモス・ネット番組『ゆく年くる年』の総合プロデューサーとして二度担当する。
☆所属団体：テレビ東京社友、日本映画テレビ・プロデューサー協会会員、日本音楽著作権協会会員。
2022年６月１日　新潮社より『快楽　源氏物語』を刊行。

星新一を追いつづけて

2023年５月15日　初版第１刷発行

著　者　村上 十七
発行者　瓜谷 綱延
発行所　株式会社文芸社
〒160-0022 東京都新宿区新宿1－10－1
電話 03-5369-3060（代表）
03-5369-2299（販売）

印刷所　株式会社晃陽社

ISBN978-4-286-24104-3　JASRAC　出2300382－301

郵便はがき

料金受取人払郵便

新宿局承認

7553

差出有効期間
2024年1月
31日まで
(切手不要)

1 6 0-8 7 9 1

141

東京都新宿区新宿1－10－1

(株)文芸社

愛読者カード係 行

お名前《ふりがな》		明治 大正 昭和 平成 年生 歳
ご住所《ふりがな》	□□□-□□□□	性別 男・女
お電話 番 号	(書籍ご注文の際に必要です)	ご職業
E-mail		
ご購読雑誌(複数可)		ご購読新聞 新聞

最近読んでおもしろかった本や今後、とりあげてほしいテーマをお教えください。

ご自分の研究成果や経験、お考え等を出版してみたいというお気持ちはありますか。

ある　ない　内容・テーマ(　)

現在完成した作品をお持ちですか。

ある　ない　ジャンル・原稿量(　)

書　名			
お買上 書　店	都道 府県　　　　市区 郡	書店名	書店
		ご購入日	年　月　日

本書をどこでお知りになりましたか?

1.書店店頭　2.知人にすすめられて　3.インターネット(サイト名　　)

4.DMハガキ　5.広告、記事を見て(新聞、雑誌名　　)

上の質問に関連して、ご購入の決め手となったのは?

1.タイトル　2.著者　3.内容　4.カバーデザイン　5.帯

その他ご自由にお書きください。

(　　)

本書についてのご意見、ご感想をお聞かせください。

①内容について

②カバー、タイトル、帯について

弊社Webサイトからもご意見、ご感想をお寄せいただけます。

ご協力ありがとうございました。

※お寄せいただいたご意見、ご感想は新聞広告等で匿名にて使わせていただくことがあります。

※お客様の個人情報は、小社からの連絡のみに使用します。社外に提供することは一切ありません。